当代太极拳武学思想与应用

黄勤山 著

中南大学出版社
www.csupress.com.cn

·长沙·

图书在版编目（CIP）数据

当代太极拳武学思想与应用／黄勤山著. --长沙：
中南大学出版社，2024.11. --ISBN 978-7-5487-5933-1

Ⅰ. G852.11

中国国家版本馆 CIP 数据核字第 2024CQ5456 号

当代太极拳武学思想与应用
DANGDAI TAIJIQUAN WUXUE SIXIANG YU YINGYONG

黄勤山　著

□出 版 人	林绵优
□责任编辑	周玉姣
□责任印制	唐　曦
□出版发行	中南大学出版社
	社址：长沙市麓山南路　　　　邮编：410083
	发行科电话：0731 88876770　　传真：0731-88710482
□印　　装	广东虎彩云印刷有限公司

□开　　本	710 mm×1000 mm 1/16	□印张 11.25	□字数 202 千字
□版　　次	2024 年 11 月第 1 版	□印次 2024 年 11 月第 1 次印刷
□书　　号	ISBN 978-7-5487-5933-1
□定　　价	68.00 元

前言

　　文化是人类在社会实践中所创造的物质和精神财富的总和。中华民族在社会实践中凝聚智慧，形成了中华优秀传统文化。在与兽斗、与人斗的过程中所形成的武术，是中华优秀传统文化的重要组成部分，已成为一种民族信仰。山东大学陈炎教授认为中医、中餐、汉字、武术是中国人文领域的四大发明。当前，武术呈现两种发展态势：其一，专注"术法"，注重武术技术体系的发展；其二，"术道"融合，注重精神与技术体系的融合发展，此又称为武学。当今世界发展呈现多元化态势，世界各族文化相互融合。优秀文化在融合中蓬勃发展，缺乏核心影响力的文化逐渐衰落。武术在日新月异的发展中，以其独特优势，在世界多元文化之林中屹立不倒。

　　太极阐释了宇宙从无极而太极，以至万物化生的过程。其中，太极即天地未开、混沌未分阴阳之前的状态。"太极"源于《周易·系辞上》，其中有"易有太极，是生两仪，两仪生四象，四象生八卦，八卦定吉凶，吉凶生大业"。这里的"两仪"，即人们常见的太极中的阴与阳。同时，"太极"一词与"大衍筮法"关系密切，在《周易·系辞上》中，有"大衍之数五十，其用四十有九。分而为二以象两，挂一以象三，揲之以四以象四时，归奇于扐以象闰。五岁再闰，故再扐而后挂……是故四营而成《易》，十有八变而成卦"的记载。历朝历代围绕"大衍筮法"，从不同侧重点对其内涵进行了科学阐述。

1

儒家始祖孔子(公元前551年9月28日—公元前479年4月11日)，被后世尊为孔圣人、至圣、至圣先师、大成至圣文宣王先师、万世师表，晚年曾修订六经，即《诗》《书》《礼》《易》《乐》《春秋》。其中《易》经孔子修订整理后，成了六经之首、儒家大典。随着儒家影响力的不断提升，《易》对中华文明的影响日益深远。太极拳的产生深受《周易》的影响。史料记载，太极拳曾用名为"长拳""绵拳""十三势"等。"太极拳"一词的由来，最早见于王宗岳所传的《太极拳论》一文，文中引用了《周易》中的经典论述："太极者，无极而生。动静之机，阴阳之母也。"当然，当下对于《太极拳论》的作者存在争论，只知此文最早来源于王宗岳，但是否为其本人所撰写，并无有效证据证明，这也成为"太极拳起源"的争议之一。不管《太极拳论》是否为王宗岳原创，其所传的《太极拳论》为后世太极拳习练者和研究者提供了巨大财富。《太极拳论》被太极拳界视为拳术经典，又因太极拳的理论基础之一是《周易》，因而许多业内人士将太极与拳术融合，将这套拳术更名为太极拳。太极拳是中华武学的重要组成部分，已形成以陈、杨、武、吴、孙五大流派为主的发展格局。

马虹是21世纪中华武学五大泰斗之一，中国当代十三大太极拳大师之一，中国武术八段、国家武术贡献奖获得者，师承太极拳大师陈照奎，终生研习太极拳，并致力于陈式太极拳的传播，对太极拳的发展有不可磨灭的贡献。他不仅是太极拳大师陈照奎的优秀传人，也是太极拳的杰出传人，是当代太极拳的代表性人物。马虹习练太极拳数十载，取得了令人瞩目的武学成就，形成了马虹武学思想体系。他的武学思想形成经历了漫长的岁月。1983年，初步形成了"既传播太极拳技术体系，又注重太极拳理论探索"的马虹太极拳传承与发展思想，标志性事件是马虹撰写了《练拳诸病五十例》一文，并公开发表，标志着马虹正式进入理论提炼过程。该文总结了在练拳过程中经常遇到的诸多问题。此后二三十年间，马虹撰写了50多篇文章，并著有9本太极拳专著，为普及和发展太极拳作出了巨大贡献。马虹以石家庄为发源地，辐射全国乃至全球，走出了一条特色陈式太极拳马虹支系传承之路。马虹教授学员众多，仅直传学员就有 1 万余人，涌现了一大批杰出的太极拳传人，如陈俊名、张广泰、杨合发、郑松波等。

太极拳历史悠久，因具有丰富的文化内涵和修身育德、健身等功能，被社会广泛认可，逐步走向世界，已成为当今世界热门运动项目之一。太极拳的发展大致经历了三个阶段。第一阶段，杨露禅学成后，于北京教授太极拳，特别是其后期在清朝王府教授王公贝勒太极拳，打破了太极拳"传内不传外"的传统，使得一部分外姓人有幸习练太极拳，初步打开了太极拳向全国传播的格局。但因受到社会环境的影响，当时太极拳传播的受众面较小，社会影响力有限。第二阶段，清末民初，社会时局动荡，人们重新审视武学，出现了武学繁荣的新气象。太极拳顺应时代呼声，高速发展，成就了以孙禄堂等为代表的一大批太极拳高手。第三阶段，中华人民共和国成立后，太极拳迎来了发展的又一个高峰。其一，以传统太极拳套路为基础，编排了 24 式太极拳、36 式太极拳、42 式太极拳、八法五步等简化太极拳，举办了各式各样的武术类(或太极拳类)竞赛(或文化交流活动)，促进了全球太极拳的交流。其二，将太极拳列为必修课程，在我国大、中、小学推广，为太极拳的发展储备了充足的后备人才。其三，我国将太极拳确定为全球各地孔子学院开办课程中的必修课程以及"一带一路"的推广项目之一，以此为契机在全球范围内推广，进一步扩大了太极拳的世界影响力，为太极拳服务全人类奠定了基础。在全球人民的共同努力下，太极拳已成为全球习练人数众多的运动项目之一。太极拳在全球的认可度不断提升，这是内因与外因共同作用的结果。首先，太极拳是一项极佳的健身养生项目，这是太极拳在当今社会高速发展的内在因素。美国国家健康研究所的研究者认为，太极拳是一项几乎没有任何缺点、没有任何不良反应、近乎完美的健身运动。然而，当前欠缺对集保存、保养及体认生命于一体的太极拳综合应用的研究。其次，太极拳的快速发展离不开传播者。太极拳的传播人群庞大，促成了太极拳的飞速发展，但传播者素质参差不齐，一定程度上制约着太极拳的发展。因而，有必要对优秀传承人进行研究，深入解析优秀太极拳传播者的思想，以期优化太极拳传播队伍。这对于太极拳的科学传承具有重要意义。

本书探讨了太极拳的源流，总结了太极拳的武学思想，分析了太极拳在当下的实际应用。一方面，马虹是当代太极拳的杰出代表，也是当代民间武术家的杰出代表，以其思想为个案进行深度分析，为提高中国当代民间武术家的生存质量提供了参考意见，进一步丰富了太极拳史。另一方面，太极拳是中华民族的智慧结晶，其以特有智慧服务社会，已突破了传统武术拳种的束缚，正在向一门独立的学科方向发展。当代太极拳的社会功能得到了认可，但其实践应用相对缺乏，希望通过本书促进太极拳更加深入的社会化发展。因而，笔者认为本书至少具有以下四方面的作用：第一，梳理了当代太极拳的武学思想，补充了太极拳思想史，进一步丰富了中华武学思想史；第二，梳理了太极拳的社会功效，丰富了太极拳理论，为太极拳的当代传播提供了更丰富的理论基础；第三，系统分析了马虹在太极拳传承发展中的优势，为民间武学、传统武学、民间武术家的未来发展提出了建议；第四，系统整理了马虹关于太极拳方面的思想主张，丰富了马虹武学理论，为学习马虹太极拳者提供了武学研习参考。

本书得到了江西省高校人文社会科学研究项目(TY22206)和江西理工大学体育与艺术学院的大力支持，在此表示衷心感谢。书中如有疏漏、不严谨之处，敬请批评和指正。

黄勤山

江西理工大学

目 录

第 1 章

太极拳起源与发展

太极拳是中华文化的结晶，融合了百家武术。它是以太极阴阳理论为指导，融入中医经络学说和导引吐纳术的中国古代民间个体徒手技击术，是身体艺术动态发展的总称。拳种之名来源于王宗岳《太极拳论》中的"太极者，无极而生"。

1.1　太极拳起源

　　太极拳植根于我国肥沃的文化土壤中，已成为民族瑰宝。在冷兵器时代，太极拳独特的技击功能，助人们守护了一方安宁；冷兵器时代结束后，太极拳突出的康养功能大放异彩。当下，太极拳集技击、康养、娱乐、文化教养等功能于一体，已成为中华民族的一张闪亮名片。

　　发展至今，关于其源流，仍扑朔迷离。人们对于太极拳创始人的说法主要有以下几种：其一，张三丰创立太极拳；其二，程灵洗、许宣平创立太极拳；其三，河南温县陈家沟陈氏始祖陈卜创立太极拳；其四，河南温县陈家沟陈王廷创立太极拳；其五，蒋发创立太极拳；其六，黄帝创"八面熊掌"（因黄帝为有熊氏，故名。此即后来的太极拳）；其七，王宗岳创立太极拳；其八，李仲、李岩、陈王廷创立太极拳。张志勇基于太极拳的技术演变探讨了太极拳的源流，厘清了太极拳技术演变与发展的主线，探明了明朝戚继光载入《纪效新书》的三十二势长拳和清朝晚期渐趋成熟的太极拳技术体系之间的渊源。他认为，太极拳是在戚继光创编的三十二势长拳的基础上，与炮捶融合而成。太极拳大师吴文瀚在《关于太极拳起源的说法》一文中，对扑朔迷离的太极拳源流之争的原因进行了深入分析。他认为，导致争议的原因是太极拳练习人数众多、传播地域广、口口相传等，加之有些传习者为显其珍贵而故意编造迷离的传说以混淆视听。目前，太极拳的源流尚未厘清，争议颇多，主流争议如下。

　　陈卜创拳说。陈卜创立太极拳是太极拳源流争议之一，始于太极拳大师陈鑫。陈鑫在《陈氏太极拳图说》一书"自序"中写道："明洪武七年（1374），始祖讳卜，耕读之余，以阴阳开合运转周身者教子孙。以消化饮食之法，理根太极，故名曰太极拳。"该自序为陈鑫所写，成文时间为 1919 年。太极拳大师吴图南表示，1917 年他访问陈家沟时，陈鑫阐述陈式太极拳的来源为陈家世传炮捶，有几百年历史，当时村民称之为"炮捶陈家"。显然，陈老与吴老二人所阐述的存在差异。若排除记忆错乱，则其中一人定然言语有误或另有隐情。唐豪于1932 年访问陈家沟时，发现陈氏始祖陈卜的墓碑（包括墓志铭）追立时间是康熙五十年（1711）。有趣的是，该墓志铭没有任何关于陈卜创立太极拳的信息。我国向来有"逝者为大"的传统，通常会将其生前重要业绩载入家谱、墓志、碑文等(除具有重大隐情,如需要保密)。陈家沟陈家为习拳世家,若陈卜为创拳人,对其家族而言当属重要业绩,后人定会有所记载。当然,存在另一种可能,就是当时陈家正遭遇困境,为防止他人威胁到陈家,因而不能对该事件作任何记载。但多年以后,没有任何言论或实质证据证明当时陈家处于这种不利境况。因而,我们否认这一观点,除非今后能够出现更有力的证据。

蒋发创拳说。此类观点的追随者以赵堡太极拳一系为主,他们将蒋发奉为太极拳的开山祖师,为此进行了较为激烈的讨论。然而,有一个既定事实足以否认这一观点。这一事实是蒋发逝世后的归处。蒋发逝世后,其坟墓位于陈家沟村西北小五岔口一个叫杨海洼的荒僻地方。若是蒋发为赵堡太极拳的开山祖师,其坟墓为何会出现在陈家沟的荒僻处?这显然与赵堡太极拳门人提出的"蒋发家境殷实"的说法以及中国讲求"叶落归根"的传统相违背。陈家沟人陈一华说:"蒋发与陈王廷名为主仆,实际为挚友,仅因明朝末年登封农民起义影响逃难至陈家,后因挚友情分又因非陈氏族人,不能入陈家祖林。"从情理上而言,这似乎与蒋发死后葬于陈家沟村西北小五岔口处不契合。古代尊师重教,有"一日为师,终身为父"之说。若蒋发创拳后,将其拳术传授给陈家子孙,按照传统习俗,蒋发的身后事采用另一种方式处理似乎更为合理:进入陈家祖林,或陈家另外开辟一处风水宝地作为其长眠之地。当前,没有任何实质证据可以证明蒋发曾经传授武艺给陈家子孙。

张三丰创拳说。关于张三丰,最早的记录文献是任自垣等在1431年编纂的《敕建大岳太和山志》。该书第六卷"集仙记"中记载:"张全一,字玄玄,号三伴……"该著作称他为道教人物,且记载为"伴",非现在所传"丰"。而1462年篆刻的《张三丰遗迹记》记载:"真仙,陕西宝鸡人。大元中,于吾河南开封府鹿邑县太清宫出家。"《张三丰遗迹记》曾遗落在陕西省宝鸡市金台观。明成祖《赐张三丰书》中称"皇帝敬奉书真仙张三丰足下"。在明朝地方志中,多处阐述"真仙张三丰"。众多证据表明,明朝各种史料中遗留下来的"张三丰"可能是统治者杜撰出来的人物,目的在于推广道教,与太极拳几乎不可能产生关联。《明史·方伎列传》中,又将明朝关于张三丰的各种传说杂糅在一起,这似乎又证实了我们之前的推断。

王宗岳创拳说。王宗岳创拳的支撑依据是《太极拳论》。《太极拳论》被太极拳界奉为至宝,因而有些人提出该文是王宗岳所著,他必然是创拳之人。根据《王堡枪谱》一文记载,李鹤林曾经在博爱县唐村开设讲武堂。在对博爱县唐村的调查中，发现王宗岳确为李鹤林的学生。这件事情的真实性在王宗岳1793 年为贺李鹤林 78 岁生日赠送的牌匾(悬挂于李鹤林故居门楣，题词"武元杰第"，落款"乾隆五十八年岁次王宗岳敬赠")中也得到了印证。由于"文革"期间"破四旧"，牌匾已被破坏，如今在唐村 42 号大门门楣上，虽只剩下挂牌匾的痕迹，但事情的真实性不容怀疑，因为除了失去的牌匾，还有当年亲眼见过牌匾的老人尚存，他们都是事实的见证者。唐村人还说，传闻王宗岳是山西洪洞凤凰村人，曾经在唐村教书。唐村的这种说法，与唐豪、顾留馨等所考证得出的"王宗岳，乾隆年间人"结果相印证。另外，唐豪是在北京获得王宗岳拳谱合订本(记载了《太极拳论》)的。王宗岳所传拳谱中，有《春秋刀谱》的内容。《春秋刀谱》出自千载寺，当时李鹤林的父亲李如椿将其抄录下来，并将其传与他人。据说，在 1957 年兴修水利时，春秋亭前石碑依稀可见《春秋刀谱》。在考证中发现，李氏拳谱上存有李如椿抄本。这又成为"王宗岳在唐村学拳"的有力证据。当前有不少人认为，王宗岳所传的和陈家沟所传《春秋刀谱》一样，是因为陈家沟可能从王宗岳处获得，却不知陈家沟人与千载寺和唐村李氏交往十分密切，直接得到此刀谱的可能性较大。基于以上内容，王宗岳传承了《太极拳论》是事实，但原创者为他人的概率较大。

陈王廷创拳说。支撑这一说法的证据相对丰富。该说法最早由唐豪考证提出。时任中央国术馆编审处处长的唐豪，为探寻太极拳的源头，于 1930—1932 年三次探访陈家沟。他将《中州文献辑志》《温县县志》《陈氏家谱》《三三拳谱》《陈氏太极拳图说》等著作以及可能作为研究佐证的资料予以整理，诸如太极拳人物遗像、遗物、墓志铭、坟墓、拳照、拳术类书籍等。唐豪依据《陈氏家谱》第 12 页中在陈王廷名字旁标注的"陈氏拳手，刀枪创始之人也"，将其作为有力证据，提出是陈王廷创立了太极拳。此观点获得了当时官方的认可。然而对于这个观点，有几个问题需要加以解释。其一，《陈氏家谱》作为唐豪得出此观点的证据支撑材料，其究竟是否为陈王廷在世时或者刚过世时所修纂的家谱？倘若为那之后的人重新修谱或进行部分添加的产物，其真实性或许会大打折扣。因为对于此家谱的内容是否曾被人修改，以及修改了什么，都没有确切答案，只能依靠猜测。其二，这本家谱只是标明陈王廷是陈氏拳手以及刀枪创始人，并没有确切标注他是拳术的创始人，更未标明其为太极拳的创始人。众所周知，陈家沟陈氏从陈氏始祖陈卜起就开始练拳，是名副其实的武术世家，在家谱中标注"陈氏拳手"是否可以理解为"在拳术方面较为突出"？

其三，陈王廷所作的《叙怀》被当作创拳的辅助证明材料，但《叙怀》中并无任何关于创拳的记载，仅是平常的记录，据此推断陈王廷创编了太极拳似有不妥。故而唐豪所提出的陈王廷创拳说由于缺乏有力证据，未能得到一部分人的认同。

李仲、李岩、陈王廷创拳说。 李仲、李岩、陈王廷共同创立太极拳的观点由王旭浩提出。首先，需厘清这三人的关系。《李氏家谱》的"序"中有记载："始祖与河邑常阳村陈公讳卜、郝庄陈公讳厚、李洼李公讳清河、刘村蒋公讳培礼故，徙途相舍衣食，义厚，入寺庙拜圣结义。"这里所记载的"始祖"指的是李清江，"河邑常阳村陈公讳卜"则是指陈家沟陈氏始祖陈卜。由此可见，陈家沟陈氏与唐村李氏在移居河内时就已经结义，关系颇为亲近。史实表明，陈氏和李氏随后的关系更为紧密，从结义逐步发展为陈氏和李氏两姓氏之间的通婚。该序中明确了他们之间的关系——"九世公讳仲、讳信，结陈沟姑表陈公讳奏廷"，这里的"仲""信"分别指李仲、李岩，而"奏廷"指的是陈王廷。由此能够明确知道三人关系比较亲密，属于表兄弟关系。该序中写道，此三人"太极门拜师结义，树志文武……创艺太极养生功，练传无极功、十三势、通臂功"。因而，有人以此为依据，提出李仲、李岩、陈王廷三人共同创造了太极拳。针对这段文字，需要解决一个问题：这本《李氏家谱》是否是当时李仲、李岩在世或者刚过世时所修的家谱？倘若为后人重新修的家谱，这本家谱的内容是否被修改以及修改了什么？换个思路来看，如何证明作为支撑李仲、李岩、陈王廷共同创立太极拳的重要材料《李氏家谱》的原创性和真实性？2003年于博爱县唐村所发掘的《李氏家谱》以及博爱县唐村千载寺等相关资料，是李仲、李岩、陈王廷共同创立太极拳的重要依据。据记载，该史料纂修于清康熙五十五年（1716），远远早于土宗岳拳谱，曾经的疑惑之处在这份史料中有了解释。这份史料有力地证实了太极拳是明朝末年发源于千载寺的太极功，原名"太极养生功"，其前身为唐初李道子所创的无极养生功，创始人是李仲、李岩、陈王廷，创编基础是十三势拳、无极功、通臂功等。

1.2　太极拳发展

经过数百年的发展，太极拳呈现出百花齐放的繁荣景象，已被列入联合国教科文组织人类非物质文化遗产代表名录。为便于区分，人们将太极拳划分为传统太极拳和竞技太极拳两大类。传统太极拳主要涵盖传统太极拳拳术（例如陈式太极拳老架、新架等），主要在民间流传。竞技太极拳则是在传统太极拳动作的基础上，融入体育元素创编而成（如 48 式太极拳、24 式太极拳、八法五步等），主要在学校以及现代竞技体育赛事中流传。传统太极拳与竞技太极拳之间联系紧密，因此它们在流传过程中有交叉。

当下，"表演化"似乎占据了太极拳发展的主要阵地。其中一类是为了迎合各类竞技体育赛事的竞技需求，"高、新、难、美"似乎已成为此类太极拳动作的追求，表演者为追求所谓的"高分"，随意改编动作，增加所谓表现的"难度"。另一类则是基于民间舞台表演的需求，以"以艺术化的表现形式为切入点，立足于武术套路技术的发展"为主线。不论是艺术表现还是竞技需求，都弱化了参与者对太极拳内涵的认知。在现实中，被随意改编并冠以太极拳之名的体育太极拳套路进入人们的视野，出现了太极拳"体操化""舞蹈化"的趋势。

健身养生太极拳的地位不断提升，慢练是达成此目标的主要方式。健身养生太极拳是以太极拳为媒介，实现延年益寿、强身健体的目的。太极养生功法获得了国内外各界人士的一致认可，认为其能够缓解人们的焦虑、抑郁等情绪，有助于血糖控制、心血管功能提升等。此外，以打造品牌为核心，以竞争导向和消费心智为基本点，打造中国健身养生品牌或许是未来太极拳发展的趋势。

讲求攻防技击性似乎已成为太极拳的历史。如今，极少数人追求太极拳技击的真谛，而太极推手被更多人所接受。太极推手既非套路也非技击，处于技击与套路之间，主要作为太极拳技击练习的一种有效方法。太极推手根据其形态，可分为定步推手和活步推手。活步推手注重灵活性以及对运动空间和时间的把握。定步推手则注重"听"劲、主动进攻的组合劲力以及化劲和发劲的转换能力。目前，除了太极推手得到了一定的发展，其他方面如太极散手的发展形势愈发严峻，太极拳真正的攻防技击发展式微，甚至有失传的趋势。

从历史深处走来的太极拳，因时代变迁而呈现出不同的面貌，其价值功能和表现形式也在持续演变。21世纪以来，太极拳以多样化的形态服务于社会，获得了更为广泛的发展空间，在大众健身、体育竞赛、教育传承、国际传播等方面取得了长足的进步。当代对太极拳的传承保护力度不断加大，其发展态势呈现出持续稳定向好的局面。

陈式太极拳发展。第一，打造太极圣地。通过建设陈家沟太极拳祖祠、中国太极拳博物馆，全面塑造河南省特色文化基地，构建太极拳人的精神圣地。第二，举办大型活动。通过举行太极拳健身年活动、世界百城千万人太极拳展演活动、世界太极拳名家走进陈家沟活动、万人太极拳穿越陈家沟活动等一系列大型活动，以及全国武术太极拳公开赛总决赛暨传统武术精英赛等赛事品牌活动，全方位提升太极拳的社会影响力。其间，"共享太极　共享健康"世界百万太极拳爱好者共同演练活动成功挑战"最大规模武术表演（多场地）"吉尼斯世界纪录。第三，助力传承发展。相继组建成立中国太极拳职业教育中心、焦作市陈家沟太极拳传承发展研究会、河南省陈氏太极拳协会等，致力于太极拳文化的研究，全面振兴太极拳文化产业。陈式太极拳的代表性人物对陈式太极拳在全球范围内的推广贡献巨大，例如陈小旺、陈正雷、王西安、朱天才、马虹等。他们的著作被翻译成英语、法语、日语、西班牙语等多种语言在多个国家出版，使世界各国人民能够接触到源自中国的太极拳文化。他们先后前往美国、法国、日本、澳大利亚、马来西亚、韩国等国家讲学授拳，并在国内外创立太极拳研究机构、训练中心、拳馆等，弟子遍布世界各地。

杨式太极拳发展。在赛事活动方面，以杨式人极拳第四代嫡传人杨振铎为核心，以杨式太极拳第五代嫡传人杨志芳、杨军、杨斌以及杨式太极拳传人傅声远、赵幼斌、傅清泉等为主要发起人与主办者，先后在不同地区举办了近20场国内、国际杨式太极拳专项赛事及大型活动。来自世界各地30多个国家和地区的国际拳友与国内数万名拳友参与其中。在国际化发展方面，成立了国际杨氏太极拳协会（由杨式太极拳第五代嫡传人杨军担任会长），先后在全球24个国家和地区成立杨澄甫太极拳中心、附属学校和太极拳师范学院共108个（所），并在世界五大洲举办400多场专题培训。国际杨氏太极拳协会分别于2009年和2014年在美国田纳西州纳什维尔市和肯塔基州路易维尔市成功举办了两届国际太极拳论坛，80 多位相关领域的西方专家、学者以及来自 20 多个国家和地区的近千名太极拳爱好者参与。杨军在第二届国际太极拳论坛上荣获肯塔基联邦最高荣誉——"肯塔基上校荣誉奖"。

武式太极拳发展。 武式太极拳传人积极参与历届中国·焦作国际太极拳交流大赛、中国·邯郸国际太极拳运动大会、永年广府太极拳年会，以及武当山、大连、珠海、三亚南山、五大连池、泰山等地的太极拳类文化节。武式太极拳的代表人物翟维传，曾先后前往中国香港、中国澳门、马来西亚、日本、韩国等国家和地区参加太极拳类活动，成为将武式太极拳传播到马来西亚的先行者。2007 年 7 月，应日本武术太极拳联盟邀请，武式太极拳传人随同中国武术协会，参加中日邦交正常化 35 周年纪念活动。2017 年 11 月，武式太极拳举办姚继祖先生百年诞辰纪念活动、武式太极拳全国高峰论坛，揭幕李逊之、魏佩林、姚继祖三位宗师塑像，并为姚继祖宗师修墓立碑举办祭拜活动，邯郸和广府两地盛况空前。

吴式太极拳发展。 第一，为先贤立传，为今人记谱。2013 年，北京市吴式太极拳研究会以王茂斋先生 150 周年诞辰为契机，积极举办纪念大会，编撰出版王茂斋纪念文集《泰岳雄峰》《太极功同门录续编》等书籍。第二，深入开展联谊活动。成立海内外吴式太极拳同门拳友联谊会，促进吴式太极拳门人大联合、大交流、大发展。2015 年 10 月，第一届交流大会在山东威海市召开，研讨吴式太极拳健身益寿问题并编辑出版文集《长寿拳探秘》。2018 年 5 月，在陕西汉中召开第二届交流大会，研讨吴式太极推手技击拳理、拳法，诸多名家参与，在国内外产生了较大影响。第三，加大推手普及力度。2013 年，北京市率先成立吴式太极拳推手大会，在北京紫竹院连续举办 60 多次吴式太极拳推手大会，为广大爱好者搭建交流平台，传播推手技艺。在此影响下，上海人民公园成立推手角、陕西汉中成立江滨推手社，促进了推手爱好者互相交流学习，还吸引了不少国外拳友参加，全国各地涌现出许多推手名家。

孙式太极拳发展。 第一，加强文化研究。先后成立了莱州市孙氏太极拳研究会①、深圳市孙式太极研究会等多个研究机构，并在北京市海淀区建成了孙禄堂纪念苑，制作了铜像。同时，加强孙式太极拳学术交流和理论研究，整理孙氏武术经典著作，出版《孙禄堂武学录》《孙氏武学研究》等。第二，开

---

① 莱州市孙氏太极拳研究会已于 2018 年注销。

展赛事活动。孙式太极拳传人积极参与各类大型赛事，组织举办孙式太极拳各类赛事活动。先后在北京举办"航天神龙杯"孙式太极拳、剑、推手比赛，在天津市举办三亚南山世界孙式太极拳峰会，吸引太极拳名家、传人进行交流展演。

（以上节选自李慎明主编的《世界太极拳发展报告（2019）》）

第2章

武学思想研究现状

武学思想指人们在武学研习过程中所形成的观点、观念等思想体系，拥有武之"术"与武之"道"内涵。武学领域的众多关于"武"的思想构成了完整的武学思想，指引武学的传承与发展。

2.1　概念释义

2.1.1　武学

"武学"一词由来已久。据史料记载,"武学"一词最早出现在唐玄宗开元年间,在此之前未曾出现。对于"武学"一词的内涵,《辞海》(第六版)给出如下界定:中国古代培养军事人才的学校。史料表明,我国最初虽无"学校"这一概念,但存在类似学校的称谓。在夏、商、周时,已分别有"校""序""庠"等类似称呼。先秦时期,学校有国学、乡学之分。此时,无论是国学还是乡学,教学宗旨皆为文武兼备。前秦宣昭帝苻坚(338—385)是前秦第三位君王,中国古代著名政治家、改革家,建立了中国第一所培养军事人才的学校——教武堂。《资治通鉴》记载:"二月,作教武堂于渭城,命太学生明阴阳兵法者教授诸将。"然而,此未立于国家军事教育制度基础之上,制约了教武堂的发展。唐朝时,武则天于长安二年(702)开设武举,选拔武艺出众之人。至此,中国开启了历史上影响深远的武举制度,其为武术发展开辟了一条"官方之路"。北宋沿袭唐朝科举制,设立明确目标,健全武学教育制度,并在庆历、熙宁、崇宁年间三次大规模兴办武学。其间,虽因政治因素一度停办,但很快又重新启动。庆历三年(1043)建武学,设置武学教授。元丰五年(1082),将"武学教授"改为"武学博士",以兵书、弓马、武艺教导学生。由此可见,古代武学与现代所称的武学虽有一定关联,但内涵不尽相同。

与现代武学同理的武学的最早记载,是清末民初武学家孙禄堂在其《形意拳学》一书"自序"中所言:"武学与文学一理。"此"武学"二字与中国传统"文学"相对,与"文武之道"表意相同,但二者区别在于"文武"中的"武"侧重于"术",孙禄堂明确提出"武学"的观点,将"武"从"术"提升至"学"的层次。这是武学高度发展后的一种由内而外的进步的体现。由于当时学术背景所限,关于"武"的研究始终以"术"为主。即便如此,孙禄堂提出的"武学"一词,为后续"武"的研究指明了方向,奠定了基础。

当下，武学在传承的基础上，不断融入时代元素，已发展成为具有创新意义的学科概念。基于现代科学及社会背景，从教育、技击、哲学等多视角对"武"这一多元文化现象进行研究，发现"术"仍为武的核心，但已不占据主体地位。武学发展至今，不单是一种技击术，还蕴含着强大的民族精神，涵盖了形而上的"道艺"以及形而下的"武艺"。武艺(武术)，指以拳种为载体，体用兼备，以追求个人技击为主要内容，兼具表演和健身功能的东方技击术。道艺，指承载主体受多种因素影响，由追求技击的目标自发转变为求道的学问和技能。根据《现代汉语词典》(第七版)的解释，"武"的意思是"关于技击的"，如武术、武艺；"学"则有"学问"之意，如博学。"学"相较于"术"是更高层次的认知，涉及系统化的概念。因此，笔者认为武学是指通过对武艺的练习与研究总结出的关于武的规律和理论体系，具有高层次性、系统性等特征，具有继承、发展民族文化等作用。

2.1.2 武学思想

"思想"是指思维活动的结果，属于理性认识，也有"观念""想法"之意。在《现代汉语词典》(第七版)中，"思想"共有三层含义：其一为客观存在反映在人的意识中经过思维活动而产生的结果；其二为念头、想法；其三为思量。本书中的"思想"取其在《现代汉语词典》(第七版)中的第一种含义，即指客观存在反映在人的意识中经过思维活动而产生的结果。由此，结合武学概念，武学思想指人们在武学研习中所形成的观点、观念等思想体系。

2.1.3 太极拳武学思想

太极拳武学思想是太极拳研习者在长期的太极拳习练及研究中所形成的思想体系，会随着实践不断丰富，是一个动态的概念。在中国哲学思想的指导下，太极拳家在太极拳活动中融合各种技术形成的武学体系是太极拳武学思想的重要体现。同时，太极拳武学思想还体现在各种太极拳论著中，主要有《太极拳论》《太极拳谱》《杨澄甫式太极拳》《陈式太极拳》《陈氏太极拳图说》《太极拳学》等。此外，太极拳武学思想在各类艺术作品中也有呈现，比如电视剧《太极宗师》、云门舞集舞蹈作品等。

2.1.4　马虹武学思想

马虹武学思想是指马虹在武学研习中所形成的关于武学的观点、观念等思想体系。它主要体现在马虹的太极拳技术体系与理论著作《陈式太极拳体用图解》《为而不争著华章》《陈式太极拳技击法》《虎贲龙骧》《陈式太极拳劲道释秘——拆拳讲劲》《陈式太极拳拳谱·拳法·拳理》《陈氏太极拳函授通讯》《陈式太极拳拳照图谱》、讲学视频以及他人的评价(如"博士太极"微信公众号等平台的相关文章)中。

2.1.5　思想关系辨析

太极拳是一种古老的拳法,具有深厚的历史底蕴。随着社会的发展,太极拳兼容并蓄,融入诸多时代元素,最终形成了富有强大生命力的动态武学思想体系。它既有竞技成分,又有对传统的发展,成为一种较为全面、老少皆宜的拳种。

本书以马虹武学思想为案例,对当代太极拳武学思想进行个案研究,并梳理太极拳的时代实践内涵,旨在推动太极拳全面发展,加快中华武术的发展进程。在开始前,有必要对本研究中涉及的太极拳武学思想、当代太极拳武学思想和马虹武学思想三者之间的关系加以辨析。

"关系"一词在《宣和遗事·前集》中被定义为事物之间相互作用、相互影响的状态。我们对关系的认识,首先要厘清关系是否具有客观性。通常,人们所说的"客观"具有两层含义:其一,事物之间的关系不受人类意识影响,无论人类存在与否,事物之间的关系都客观存在;其二,人与事物之间的关系不会因人们的意志而改变,与人们的认知无关,不管人们是否认识到这些关系,是否承认这一关系,是否喜欢这一关系,它们都切实存在。

那么在"关系"一词出现之前,是否就不存在所谓的世界客观联系?这种认知在一定范围内是正确的,但存在一定局限性。因为如果没有"关系"这个词语,我们就不能说世界上存在关系,也不能说关系是客观的。这意味着在我们未定义"关系"这个词语之前,在未规定它用于表达何种对象之前,我们根本无法找到客观存在的关系,也根本无法在事物之间找到原本就存在的关系。在未定义"关系"这个词语之前，我们原有的认识都不叫关系，也都不是关系，我们对关系的认识并非一种发现，也不是一种反映。只有有了"关系"这个词语，只有当我们规定了"关系"这个词语的表达对象时，我们才能明确什么是关系，才能说这个世界存在关系。我们对关系的认识是一种规定，我们规定用"关系"这个词语表达什么。规定了"关系"的用法，也就规定了什么是事物，规定了事物之间的关系。这其实就是古希腊智者普罗泰戈拉说"人是万物的尺度"以及康德说"人为自然立法"的深层原因。

中国武术按其运动形式可分为套路运动和搏斗运动两大类。套路运动，是以技击动作为素材，依据攻守进退、动静疾徐、刚柔虚实等矛盾运动的变化规律编成的整套练习体系。套路运动按练习形式又可分为单练、对练和集体演练三种类型。其中，单练包括徒手的拳术练习、器械练习，对练包括徒手对练、器械对练、徒手与器械对练，集体演练包括徒手拳术演练、器械演练、徒手与器械演练。

为区分不同武术的目的，有人将武术分为竞技武术和传统武术。20 世纪50 年代，逐渐形成了竞技武术，包含套路和散打。它以比赛为目的，主要看重成绩，动作造型多样，颇具观赏性和表演性，至今已形成完整体系。传统武术是祖师爷传承下来的代代相传的技术，修心修身并重，千人千样不单调，拳法朴实，器械厚重，充满东方文化气息。当前，虽说名义上竞技武术和传统武术并重发展，但显然传统武术的生存空间已被极大压缩，情况不容乐观。

太极拳是一种武术，扎根于华夏大地，历经漫长岁月发展，形成了既能以暴制暴又兼具养生和艺术熏陶功能的优秀体系。太极拳并非特指某一时期的这类身体运动，而是涉及从其萌芽至今的一个动态变化过程，既包含曾经的陈家拳，又涵盖后来的杨式太极拳、武式太极拳以及当下的竞技太极拳等。当代太极拳是太极拳的一种，以时间为划分标准，主要指中华人民共和国成立以来传承或创立的所有太极拳，包括竞技太极拳和传统太极拳，如八法五步、24 式太极拳、42 式太极拳、陈式太极拳、杨式太极拳、武式太极拳、吴式太极拳、孙式太极拳、和式太极拳等。在此期间，太极拳蓬勃发展。

因此，为明晰当代太极拳武学思想的内涵等，笔者采用个案研究，期望以点带面地向读者展示当代太极拳武学思想。当然，这种方式存在一定的片面性，所以在后续研究中，需要进一步拓展研究深度，形成更全面的当代太极拳武学思想研究。

马虹师承陈式太极拳传人陈照奎，是当代太极拳界的杰出人物。马虹自学习太极拳以来，致力于太极拳的研究与传播。他以石家庄为中心，辐射全球，为社会培养了大批优秀的太极拳传人，为太极拳的发展作出了不可磨灭的贡献。因此，以他为代表研究当代太极拳武学思想，能为当代太极拳的传承与发展贡献一份力量。

综上所述，太极拳武学思想是历代太极拳名家从太极拳实践中总结出来的理性共识，其内容不断丰富，包括古代太极拳武学思想、近代太极拳武学思想和当代太极拳武学思想。当代太极拳武学思想是太极拳武学思想的重要组成部分，是当代太极拳名家在继承的基础上不断发展、总结、凝练的理性共识。马虹武学思想既独立，又从属于当代太极拳武学思想。马虹武学思想、当代太极拳武学思想、太极拳武学思想三者关系紧密，同时又各自独立，具有不同的特点。

2.2　武学名家武学思想研究

武术的产生源于以暴制暴，使对方丧失进攻能力或停止实施伤害的行为。武术在这种环境中发展壮大，技击功能是其基本功能。武术伴随中华民族的发展而演进，植根于中华文化的深厚土壤，必然蕴含着中华优秀传统文化，是传统文化的重要载体。而深入挖掘中华优秀传统文化蕴含的思想观念、人文精神、道德规范，是时代的要求。同时，武术作为中华优秀传统文化的载体，沉淀着中华民族更深层次的审美追求，常以"内外兼修""形神兼备"的身体化美育实践过程，以"身心合一""体用兼备"的生命化美育境界为进阶与追求目标，最终统一于"怡情养性""培根铸魂"的精神美育追求之中，彰显和弘扬了中华美育精神的时代价值。当下，武术已应用于文化传承、经济发展、教育培养、艺术表演等众多领域，发挥着其时代价值。

我国武学历史悠久，从具有雏形到形成成熟体系经历了不同时期的名称变化，与现代武学大致相同的最早名称是"武艺"。当前学术界对于强身自卫等技击的专用术语的认识有"武术"与"武学"两种观点。其一，认为二者等同，武学即武术。有研究者运用口述史等研究方法对"武医宗师"郑怀贤的武术教育思想进行了系统阐述。其认为，郑怀贤的武术教育思想主要体现在教学理念、武德教育、学术思想三个方面，表现在教学态度、风范及理念上；注重武者的道德修养，积极传播武术的德育功能；以创新发展的理性思维推动武术发展的教育理念。其二，认为武学包括武"术"和武"道"。谢永广（2012）持此观点。他认为王芗斋的武学思想具有"养、练、打"合一的整体武学观，兼收并蓄的创新精神，身心同修、有感即应的武学知行观，武德与技术并重、技近乎道的武学伦理观，破门户之见、融百家之长的传承观，解除武术神秘性、实现武学技术体系中西合璧的发展观。

武术对我国而言意义重大，因而吸引了众多学者的关注，对武学名家武学思想的研究便是体现之一。他们主要是对武学思想的形成原因、内容、社会价值等方面进行分析。在历史长河中涌现出了众多武术家，然而学术界对于武学名家武学思想的研究较少，整体内容较为宽泛，仅有极少数文章条理清晰、研究较深入。笔者通过对当前武学名家思想的研究，梳理有关武学思想的相关研究，阐释武学名家武学思想的研究现状，发现当前该领域的研究热点和方向，希望能为对武学名家的研究带来启示。

2.2.1 研究设计

2.2.1.1 数据来源

本书数据来源于中国知网数据库，以"武学""武术""拳术""武学思想""思想"等相关关键词为主题进行高级搜索，发文时间不限，搜索方式为"精确"，文献来源类别为全部期刊，检索时间截至 2023 年 10 月 20 日。检索完成后，对相关论文进行仔细阅读和筛选，剔除与主题无关的论文，最终获得143 篇有效文献。

2.2.1.2　研究方法

本书主要采用文献资料法和数理统计法，同时利用 CiteSpace V. 6. 2. R2(64-bit)Basic 版软件的可视化方式对 143 篇文献进行数据处理，去重后剩余 131 篇有效文献。

2.2.2　研究结果

2.2.2.1　研究文献年度数量分布

通过 CiteSpace 数据分析软件对 131 篇关于武学名家武学思想的文献进行分析，得出发文趋势图(图 2-1)。

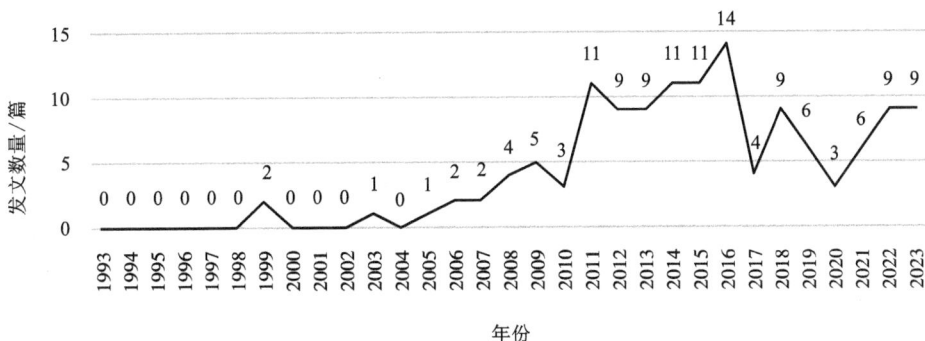

图 2-1　关于武学名家武学思想的发文趋势图

图 2-1 显示，关于武学名家武学思想研究，发表论文的数量整体波动较大，但呈现出整体增加的趋势。

2.2.2.2　研究作者发文数量

从表 2-1 可以看出，学者方方、张路平、赵光圣、温搏四人发文数量最多，其发文数量均为 3 篇，排名前四。排在第五位至第二十位作者的发文数量均为 2 篇。普赖斯在《小科学，大科学》中提出，论文高产者的数量级是作者总人数的平方根。遵循这一规律，撰写全部论文中的一半的高产作者的数量，等于全部作者总数的平方根。由此可知，高产作者数量占比仅为 7.74%，低产作者数量占比高达 92.26%。

表 2-1　排名前二十的关于武学名家武学思想研究的作者发文数量

作者	发文数量/篇	排名
方方	3	1
张路平	3	2
赵光圣	3	3
温搏	3	4
万会珍	2	5
刘祖辉	2	6
骆方成	2	7
杨祥全	2	8
李永明	2	9
谢永广	2	10
刘启超	2	11
杨彦明	2	12
王文娟	2	13
肖亚康	2	14
张长念	2	15
王森	2	16
蒋易庭	2	17
王东风	2	18
吴昊	2	19
王洪潇	2	20
	1	21
（其他作者省略）	……	……
	1	168

2.2.2.3　研究机构发文数量

图 2-2 显示，上海体育学院（2023 年改名为"上海体育大学"）以发文 11 篇领先于其他研究机构，吉林体育学院以发文 9 篇位居第二，天津体育学院以发文 6 篇排名第三。综合图 2-2 和图 2-3 可知，排名前四的发文机构均为专业体育学院。

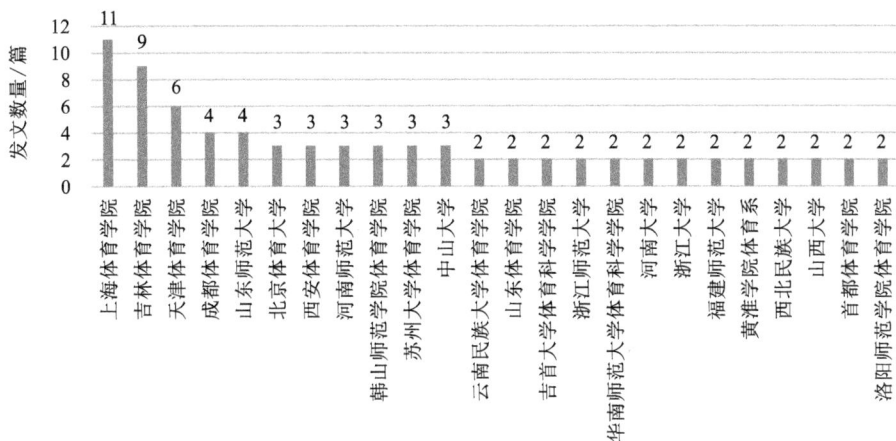

图 2-2　发文数量排名前二十四的关于武学名家武学思想研究的机构及其发文数量图

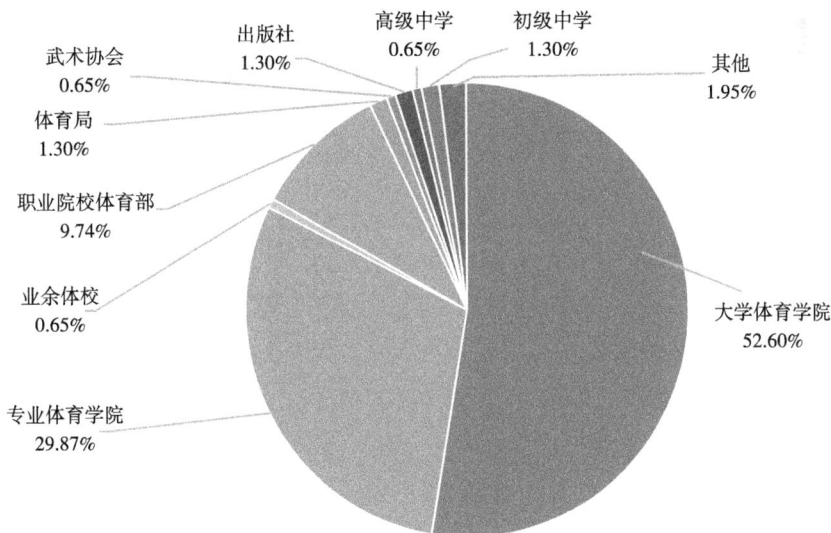

图 2-3　关于武学名家武学思想研究的机构类别占比

由图 2-3 可知，研究机构主要包括各大学体育学院、专业体育学院、职业院校体育部、业余体校、体育局、武术协会、出版社以及初高中。从研究机构类别占比来看，主要为三类研究机构（占 92.21%），分别是大学体育学院（占 52.60%）、专业体育学院（占 29.87%）、职业院校体育部（占 9.74%）。

2.2.2.4　研究作者合作进展

在中国知网数据库检索符合该研究要求的文献，有 131 篇，通过 CiteSpace 软件，以文献作者为分析对象，得出作者合作图（图 2-4）。

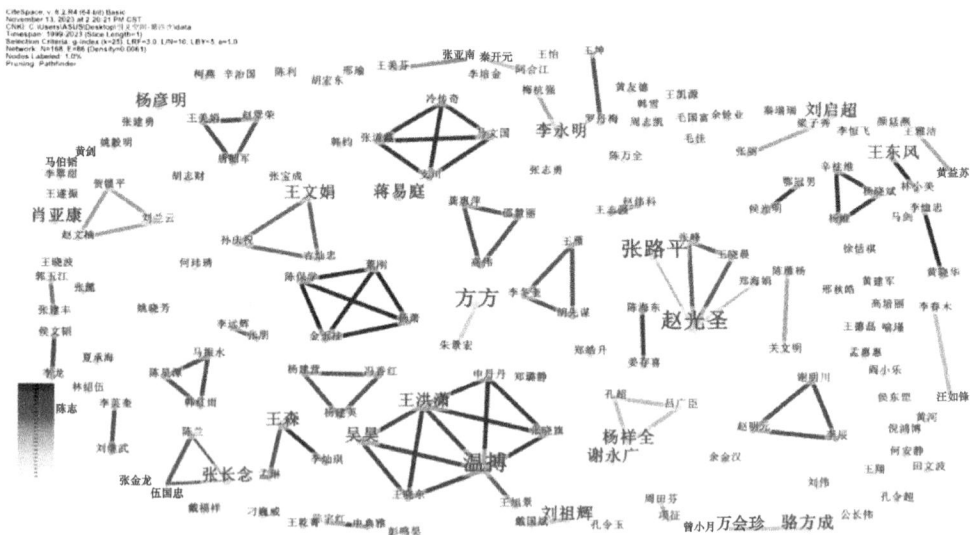

图 2-4　关于武学名家武学思想研究的合作网络分析（作者合作图）

图 2-4 中共出现 168 个节点，86 条连接线，网络密度为 0.0061。由图 2-4 可知，在武学名家武学思想领域形成了以温博、董刚、马文国、赵光圣等研究者为核心的合作较强的 4 处关系交互网络，以及分别由杨晓斌、谢明川、张长念等组成的 31 处相对较弱的合作（1~3 人合作），其余还有一些独立且分散的点，暂时未与其他学者形成合作关系。通过查看线条颜色深浅可以看出，合作较强的 4 处中有 3 处合作时间为 2013—2023 年。

2.2.2.5　研究机构合作进展

在对武学名家武学思想研究文献的机构合作网络进行研究处理时，发现有很多机构隶属于下位分支或完全相同。为避免数据冗余，笔者对相关机构进行了合并处理。在利用 CiteSpace 软件操作时，由于软件版本不同，机构合并操作的方式也不同，笔者采用的是 CiteSpace V. 6. 2. R2(64-bit)Basic 版本。在预先建立的 project 文件夹中找到 citespace. alias 文件，并用记事本程序打开，输入需要合并的机构名称。合并规则如下：包含的属性在前，被包含的属性在后，如图 2-5 所示。

citespace.alias - 记事本	— □ ×
文件(F)　编辑(E)　格式(O)　查看(V)　帮助(H)	

吉林体育学院	吉林体育学院研究生部
吉林体育学院	吉林体育学院体育教育学院
吉林体育学院	吉林体育学院研究生处
吉林体育学院	吉林体育学院武术系
成都体育学院	成都体育学院研究生部
天津体育学院	天津体育学院武术系
天津体育学院	天津体育学院民族传统体育系
山东师范大学	山东师范大学体育学院
上海体育学院	上海体育学院武术学院
山东体育学院	山东体育学院日照校区
西安体育学院	西安体育学院武术学院
西安体育学院	西安体育学院武术系武术教研室
苏州大学体育学院	苏州大学体育学院
韩山师范学院体育学院	韩山师范学院体育学系
洛阳师范学院体育学院	洛阳师范学院公共体育部
福建师范大学	福建师范大学体育科学学院
山西大学	山西大学体育学院
中北大学	中北大学体育与艺术学院
北京体育大学	北京体育大学研究生院
北京体育大学	北京体育大学武术学院
吉首大学体育科学学院	吉首大学国家体育总局民族体育重点研究基地
西北民族大学	西北民族大学体育学院
河南师范大学	河南师范大学体育学院
浙江大学	浙江大学体育学系

第 18 行，第 17 列　　100%　Unix (LF)　　UTF-8

图 2-5　针对关于武学名家武学思想研究的合作网络分析进行机构合并

为识别研究武学名家武学思想的论文高产机构以及机构建立的合作网络关系，笔者在 CiteSpace 中选择节点类型为机构，其他设置不变，运行软件进行可视化，得到关于武学名家武学思想研究的机构分布及合作图谱(图 2-6)。

图 2-6 中共出现 100 个节点，34 条连接线，网络密度为 0.0069。从机构合作图来看，合作极为集中的是以上海体育学院和吉林体育学院为核心的研究机构，其次是以山东体育学院和华东师范大学为核心的研究机构，其余机构大多为独立研究或合作人数为 2 人的研究。连接线颜色接近深色的较多，多达25 条，这些合作大多发生在 2013—2023 年。

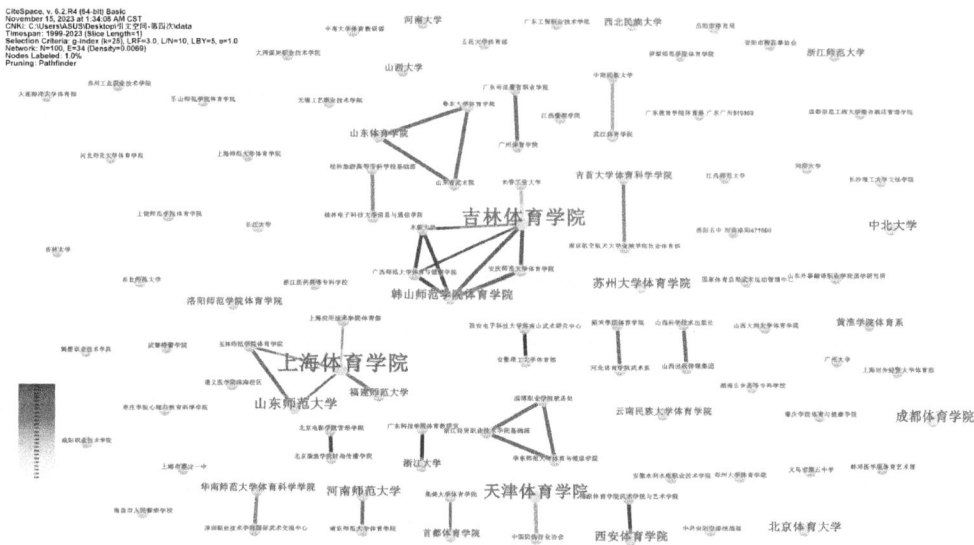

图 2-6　关于武学名家武学思想研究的合作网络分析（机构合作图）

2.2.2.6　研究热点进展

关键词在一篇文献中具有重要地位，人们往往可以通过关键词获知文献的主题和主要内容。如图 2-7 所示，关于武学名家武学思想研究的共现关键词图谱中共有 245 个节点，493 条连接线，网络密度为 0.0165。图 2-7 中节点数量较多，连接线复杂交错，网络密度 $D>0.01$，图谱较为密集，较为明显的共现关键词有"武学思想""武术思想""武术""蔡龙云""武学"。

剔除"武术思想""武学思想"等词（与检索词相同）后，形成排名前十九的关键词频次及中心性一览表（表 2-2）。表 2-2 中"武术"为频次最高的热点主题，排名第二位至第六位的关键词分别为"蔡龙云""武学""张之江""思想"

图 2-7　关于武学名家武学思想研究的共现关键词分析图

"李小龙"。蔡龙云是我国著名武术教育家、武术理论家、武术技击家,原国家体委武术研究院副院长,国际级武术裁判,上海体育学院教授,也是我国最早一批中国武术九段获得者,中国武术的开拓者与奠基人之一。张之江是近代武术文化的倡导者和奠基人,毕生致力于武术文化研究。李小龙为中国功夫注入了一些现代科学含义和术语,令外国人更好地领略中国武术的奥妙之处,对中国功夫起到了巨大的推广作用。排名第七位至第十三位的关键词为"价值取向""传统武术""截拳道""中国武术""体育史""启示""武术教育"。截拳道是近代武术宗师李小龙创立的一门中国功夫,它讲究内围技术,招式凌厉实用,以中国道家哲理为指导思想,并融合西方实用至上理念,是中华武术之林中极为优秀的武学之一。排名第十四位至第十九位的关键词为"孔子""孙子兵法""杨炳""武术套路""武术文化""研究"。孔子武学思想是孔子对于军事战争及相关武术实践思想的观点和价值主张的集合。孔子武学思想体系是一以贯之、辩证统一的有机整体,其内涵包括:"不战"是孔子武学思想的出发点,"善战"是孔子武学思想的立足点,"慎战"是孔子武学思想的基本主张,"智战"是孔子武学思想的实现策略,"仁战"是孔子武学思想的价值追求,"无战"是孔子武学思想的最终归宿。杨炳武学思想是一个多元理论体系,包括易家、儒家、佛家、道家、兵家等传统文化的精髓。

表 2-2　排名前十九的关键词频次及中心性一览表

序号	频次	中心性	年份	关键词
1	16	0.22	2006	武术
2	10	0.09	2010	蔡龙云
3	9	0.16	2008	武学
4	7	0.07	2014	张之江
5	7	0.03	2009	思想
6	7	0.07	2005	李小龙
7	6	0.09	2008	价值取向
8	6	0.09	2009	传统武术
9	6	0.10	1999	截拳道
10	5	0.09	2013	中国武术
11	4	0.01	2010	体育史
12	4	0.03	2006	启示
13	4	0.12	2007	武术教育
14	3	0.01	2013	孔子
15	3	0.01	2013	孙子兵法
16	3	0.02	2014	杨炳
17	3	0	2013	武术套路
18	3	0.06	2013	武术文化
19	3	0.04	2011	研究

　　关键词突现分析是对某一段时间内发表的文献的关键词出现率骤然升高的现象进行分析,即从关键词出现频率和持续时间来分析。关键词突现分析可以利用词频变化来判断研究领域的前沿与趋势。图 2-8 为关于武学名家武学思

想研究的关键词突现情况。该研究领域共出现了 16 个突现词。按时间分布来看，1999—2005 年关键词突现时间较早，这七年被持续关注的关键词是"截拳道"；2006—2008 年未出现关键词，存在研究断层；2009—2018 年，被持续关注并研究 3 ～ 5 年的关键词是"李小龙""蔡龙云""体育史""孔子""戚继光""孙子兵法""杨炳""武术教育""五轮书""宫本武藏""当代价值"。2020—2023 年被持续研究的热点关键词是"传统武术""表达自我""解放自我""实现自我"。

排名前十六的关键词引用一览表

关键词	年份	影响力	开始年份	结束年份	1999—2023
截拳道	1999	1.16	1999	2005	
李小龙	2005	0.58	2009	2012	
蔡龙云	2010	1.71	2010	2012	
体育史	2010	1.48	2010	2014	
孔子	2013	1.09	2013	2016	
戚继光	2013	0.93	2013	2015	
孙子兵法	2013	0.70	2013	2015	
杨炳	2014	1.17	2014	2017	
武术教育	2007	0.57	2016	2018	
五轮书	2018	1.12	2018	2020	
宫本武藏	2018	1.12	2018	2020	
当代价值	2018	1.04	2018	2021	
传统武术	2009	1.32	2020	2023	
表达自我	2020	1.01	2020	2023	
解放自我	2020	1.01	2020	2023	
实现自我	2020	1.01	2020	2023	

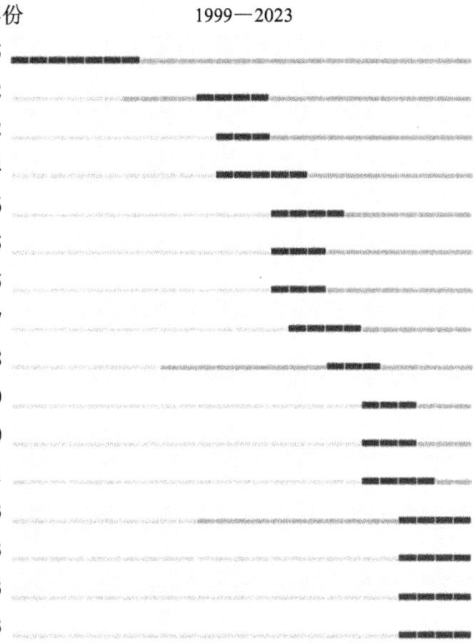

图 2-8　关于武学名家武学思想研究的关键词突现图

2.2.3　研究分析

本研究旨在探索武学名家武学思想的研究进展，主要发现如下：随着时间的推移，对武学名家武学思想的关注度有所变化，在部分年份呈直线上升或下降趋势；发文作者之间的合作呈现轻度零散状态；发文机构之间的合作呈现重度零散状态；关键词共现中出现较为明显的共现关键词，尤其是某些学者的思想；同时，关键词突现呈现出持续时间长短不一的情况，最长持续时间集中在李小龙的"截拳道"上，且关键词在某些年份会突然变化。

既往学者对武学名家武学思想的研究主要集中于某一位武学名家的具体思想内涵及其发展上，而本书基于各位学者的研究成果，借助大数据支持，探讨武学名家武学思想的研究现状。本项目的研究结果证实了李海伦（2020）《我国竞技武术研究进展分析——基于文献计量学视角》中的结论。他认为，武术研究分为初步形成阶段、快速增长阶段、快速衰落阶段三个阶段，呈现先增后减的趋势。本书针对武学名家武学思想的研究结果显示，文献发表数量随时间的推移而增加，呈现上升趋势。上升趋势曲线总体分为三段，第一段为启蒙阶段，第二段为上升发展阶段，第三段为波动发展阶段。既往学者在进行武术研究综述时同样发现，大部分研究文献的发表机构集中于各类体育学院，这与本书的发现较为一致。既往研究中还发现，竞技武术研究受到多数学者和研究机构的高度关注，形成了以大型合作网络为主，中型、微型网络为辅的合作网络图谱。笔者也发现了类似的图谱情况，即大部分学者和研究机构形成了以大型合作网络为主，中小型合作网络为辅的合作图谱。

武术是我国独特的民族符号，对中华民族意义重大。武学名家的武学思想是武术家们在其武术活动轨迹中逐渐形成的完整体系，对武术的传承与发展至关重要。然而，当前对武学名家武学思想研究的整理较为缺乏。因此，本书通过可视化方法对学术界的武学名家武学思想进行研究整理，旨在厘清学术界武学思想的研究现状及进展，为促进武术的快速发展提供数据支持。

本书研究结果显示，关于武学名家武学思想研究的刊发文章趋势图（按时间划分），每十年为一个阶段，三个阶段共同构成了整个武学名家武学思想的时代发展图。第一阶段为启蒙阶段，第二阶段为上升阶段，第三阶段为波动阶段。启蒙阶段发展缓慢，仅在 1999 年和 2003 年有零星文章刊发。分析其原因，可能是这一时期传承与创新并重。中国武术界积极倡导传统武术的传承，同时也强调创新，许多武术家开始研究武术的起源、发展及其在现代社会的价值，以期为武术的传承和发展提供理论支持。上升阶段是 2004—2013 年，文章数量呈上升趋势，上升的原因可能如下：一是中国武术在全球的影响不断提升。随着中国在国际舞台上的崛起，中国武术逐渐受到全球关注，越来越多的人开始学习中国武术。二是武术比赛和表演活动增多。在此期间，各种规模的武术比赛和表演活动频繁举行，这些活动不仅提高了武术的知名度，也为武术爱好者提供了展示才华的平台。三是武术产业化的探索。随着时间的推移，武术逐渐被视为一种产业，一些人开始探索如何将武术与商业相结合，通过举办比赛、表演、教学等方式获得经济效益。四是技术与理论的融合与创新。在此期间，不仅传统武术技术得到传承和发扬，一些新技术和新理论也开始融入武术，使武术在保持传统风格的同时，展现出新的活力和魅力。五是武术与健康养生的结合。随着人们对健康的重视程度不断提高，武术作为一种集身体锻炼、精神修养和实战技能于一体的运动方式，其健康养生的功能逐渐被人们认识和接受，许多人开始通过练习武术来提高身体素质和增强免疫力。总体而言，2004—2013 年，中国武术在各个方面都取得了积极发展，不仅在国内产生了深远影响，在全球范围内也赢得了越来越多人的尊重和认可。波动阶段的曲线大致由 2016—2020 年的下降曲线和 2020—2023 年的上升曲线构成。下降的原因可能是需要使武术与健康、教育、公益及产业全面、深度融合，人们更加关注武术的实际效用，从而减少了理论研究。上升的原因可能有：2020 年国际奥委会执委会同意竞技武术列入青年奥运会正式比赛项目，《武术产业发展规划（2019—2025 年）》的下发，2022 年中国武术项目在青年奥运会上成功开展，各种关于武术的政策出台引起了学者们的关注。

作者发文数量（表 2-1）结果显示，中高产作者数量占比仅为 7.74%，低产作者数量占比却高达 92.26%。这表明在武学名家武学思想研究中，学术产出高的学者极为稀少，高产作者极度稀缺；参与学术研究但产出较少的学者在该领域占比较大。高产作者的产出数量从侧面反映出该领域研究活动不够活跃，或者较难形成产出成果。这种学术状况对提升学术影响力极为不利。当然，也可能是研究人员重视研究质量，将重点放在研究质量而非数量上。显然，这一可能性在此次研究中并不成立。

发文机构数量众多，且各机构发文数量各异。在以发文数量排名的各机构中，三大专业体育学院领先。从历史发展角度来看，在地理位置上靠近国家边境，则易受外围势力侵扰，以不同形式呈现的武术活动相对活跃。上海、天津、吉林三个地区的武术名家频繁活动，从而形成沪津吉研究带。从机构分类数量来看，大学体育学院、专业体育学院和职业院校体育部这三类占比高，高达 92.21%。这三类机构的研究投入更多，是该研究领域的主要力量，而其他机构对该领域投入极少，原因在于武术及武学思想相对冷门。

在作者合作层面，以温博、董刚、马文国、赵光圣等研究者为核心，研究作者众多。研究作者合作图谱呈现出连接线不集中、较为疏散的特点，作者之间合作较少，大部分学者独自研究，合作性不强。这些关于武学名家武学思想研究的力量未能汇聚成较大的研究团体，表明武学名家武学思想研究未受到学术界的高度重视。

从机构合作量来看，各学术机构合作数量少且不紧密，合作主要集中于以上海体育学院为核心的研究机构，其次是以吉林体育学院为核心的研究机构。研究结果表明，武学名家武学思想领域学术沉淀薄弱，社会上各级各类机构对武学名家武学思想的关注不足，而各学者对该领域的研究在深度和广度上均需不断提升。上海体育学院和吉林体育学院的研究数量遥遥领先于其他机构，原因可能是上海体育学院和吉林体育学院地处沿海城市，城市的经济发展优势与专业体育学院的优势有利于这些机构取得较好的研究成果。

研究人员通过关键词共现获取了出现频率较高的关键词，如"蔡龙云""张之江""李小龙"，以及"武术""武学""思想"。这表明武学名家武学思想研究较为缓慢，从蔡龙云到张之江，再到李小龙，代表武术随时间延续，呈现出研究时间长、研究主题专一、研究内容聚焦于武学名家武学思想内涵等特点。通过关键词词频能够发现，学术界极为关注的是武学名家个人和武术（排名前两位），探讨武学名家武学思想内涵是什么、如何传承以及武学名家武学思想如何发展等问题；而其他出现频率较高的关键词也与不同时代不同武学名家武学思想的差异有关，研究了不同时代不同武学名家武学思想的相同点和不同点。从时间分布来看，分为 1999—2005 年、2006—2008 年、2009—2018 年。在1999—2005 年这七年中，获得持续关注的关键词是"截拳道"，说明在武学名家武学思想研究的前七年里，学者们的关注焦点是李小龙的截拳道研究。从2009—2018 年这十年来看，获得持续关注的是李小龙、蔡龙云、孔子、戚继光等，再到宫本武藏，表明研究热点从国内武学名家武学思想拓展到了国外武学名家武学思想。在随后的 2020—2023 年这四年中，学者们持续研究的热点从找寻武学名家武学思想转变为武术价值探寻，发现武术不仅具有抵御外敌的价值，还具有自我追求的功能。

本书研究存在的主要不足如下：首先，研究团队受分析软件功能所限，文献数据来源有限，未能严谨地展示武学名家武学思想研究的全貌，在后续研究中需进行更全面的梳理；其次，受笔者研究水平所限，对于整体研究动态的掌握有待进一步提高。

2.2.4　研究小结

关于武学名家武学思想的研究呈上升趋势，研究力量呈现整体集中、个体分散的特征，专业体育学院的研究成果较为集中，成果围绕武学名家武学思想的发展，聚焦于武学名家武学思想内涵。

2.3　太极拳名家武学思想研究

太极拳对武术的重要意义和影响主要体现在文化传承、养生保健、技术发展及国际交流等方面。在文化传承方面，太极拳融合哲学、医学的精髓，整体展现出阴阳平衡、刚柔并济的思想，对传承中华传统文化意义重大。在养生保健方面，在我国武术的发展进程中，太极拳最早被提出具有强健体魄、延年益寿的作用，契合人们对健康生活的向往。在技术发展方面，太极拳拳理讲究阴阳开合、虚实转换、刚柔相济、以意领气、快慢相间以及缠绕螺旋的运气方法，这些技术特点在中国武术中独树一帜，推动了中国武术的发展创新。在国际交流方面，太极拳是中国武术的代表之一，在国际社会具有较高知名度，太极拳练习者遍布全球，促进了中外文化交流。

太极拳名家是太极拳发展与传承的中坚力量。首先，太极拳名家在技艺传承方面颇有成就，他们通过师徒传授、编写教材等形式，将太极拳的技艺和思想传承给下一代。其次，太极拳名家在学术研究方面有所进展，通过理论研究和名家实践探索，提出关于太极拳的新理论新方法，丰富了太极拳理论体系。在高速发展的环境下，太极拳名家面临诸多挑战，例如国外体育文化同质化，数字化视角下太极拳传播途径趋于泛化，武术名家利用数字化方式进行传播等。

2.3.1　研究方法

以中国知网的 19 篇太极拳名家武学思想研究文献为中介，运用 CiteSpace 软件，对太极拳名家武学思想研究进行相应的图谱可视化，解析太极拳名家武学思想的发展现状。

2.3.2 研究结果

2.3.2.1 研究文献年度数量分布

通过 CiteSpace 数据分析软件对 19 篇关于太极拳名家武学思想的研究文献进行分析。如图 2-9 所示，关于太极拳名家武学思想研究，有 1 年发文数量为 4 篇，有 4 年发文数量为 2 篇，有 7 年发文数量为 1 篇，有 9 年发文数量为 0 篇。2014 年发文数量最多，为 4 篇；发文数量最少的是 2004 年、2008 年、2009 年、2011 年、2016 年，以及 2020—2023 年，均为 0 篇。关于太极拳名家武学思想研究的论文数量整体较为平稳。

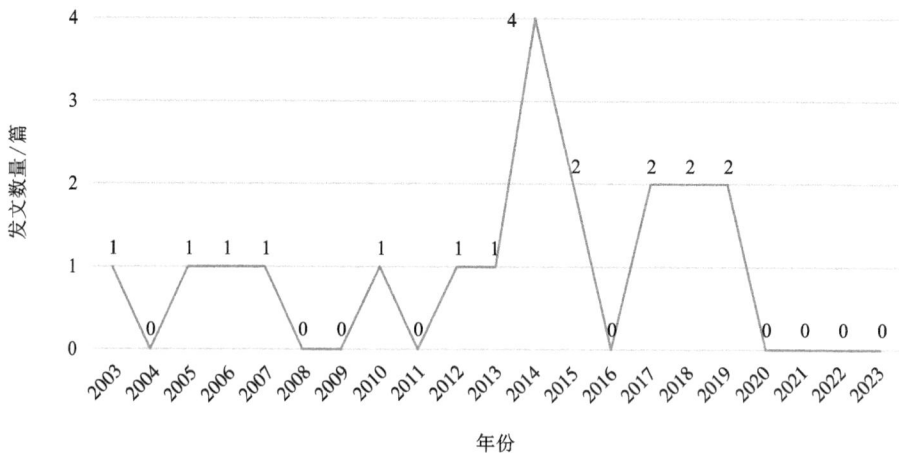

图 2-9　太极拳名家武学思想研究发文趋势图

2.3.2.2 研究作者发文数量

表 2-3 结果显示，学者万会珍、童旭东、吕蒙及笔者发文数量较多，位居前四。排在第五位至第二十七位的学者发文数量均为 1 篇。普赖斯在著作《小科学，大科学》中提出，论文高产者的数量级是作者总人数的平方根。遵循这一规律，撰写全部论文中的一半的高产作者数量，等于全部作者总数的平方根。由此可知，高产作者数量占比仅为 18.52%，低产作者数量占比为 81.48%。

表 2-3　太极拳名家武学思想研究作者发文数量

作者	发文数量/篇	排名
万会珍	3	1
童旭东	3	2
吕蒙	2	3
黄勤山	2	4
余功保	1	5
刘定一	1	6
刘慕原	1	7
刘永涛	1	8
刘洁	1	9
喻德桥	1	10
孙国强	1	11
张建丰	1	12
张禹飞	1	13
张超	1	14
彭鸣昊	1	15
曹云	1	16
李洋	1	17
熊子博	1	18
牛一凡	1	19
王志远	1	20
王明建	1	21
秦东发	1	22
邢照利	1	23
郭亚卉	1	24
陈彬	1	25
陈莉	1	26
马金戈	1	27

2.3.2.3 研究机构发文数量

根据 CiteSpace 机构合作网络生成的数据可知发文机构共有 18 个，依照发文数量绘制成条形统计图。由图 2-10 可知，河南大学以发文 4 篇领先于其他机构单位，成都体育学院以发文 3 篇位居第二，江西师范大学以发文 2 篇位列第三，其他机构均为 1 篇。

由图 2-11 可知，研究机构的类型主要有专业体育学院、各大学体育学院、

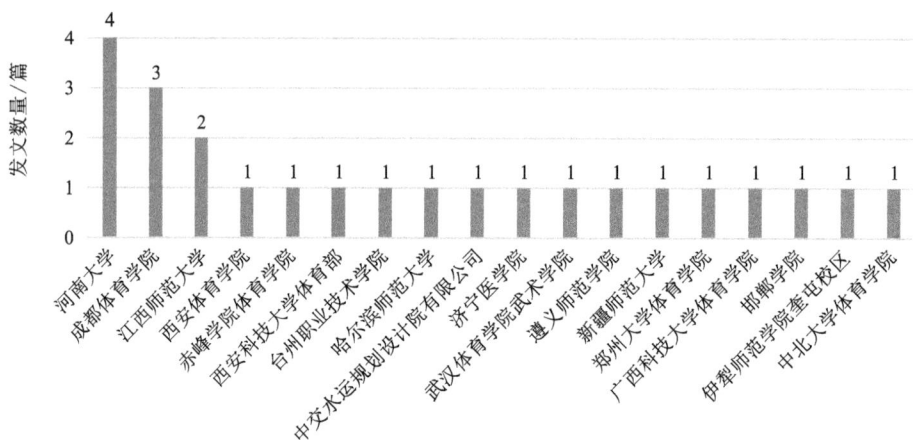

图 2-10　关于太极拳名家武学思想研究的机构及其发文数量图

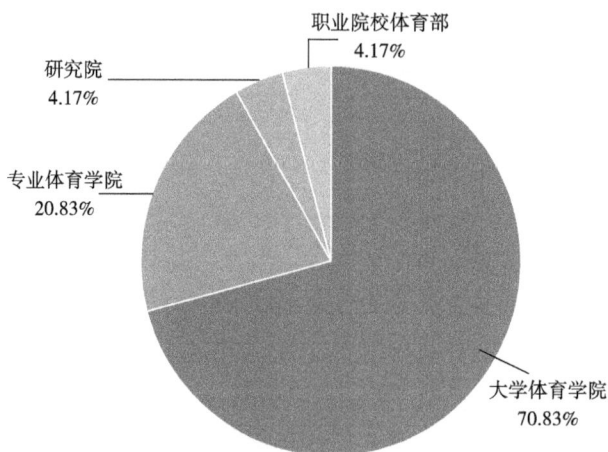

图 2-11　太极名家武学思想的研究机构类别占比

职业院校体育部、研究院，大学体育学院占 70.83%，专业体育学院占 20.83%，这两部分占比高，高达 91.66%。

2.3.2.4　研究作者合作进展

在中国知网上筛选出的关于太极拳名家武学思想研究的文献有 19 篇，展开分析后得到作者合作图(图 2-12)。

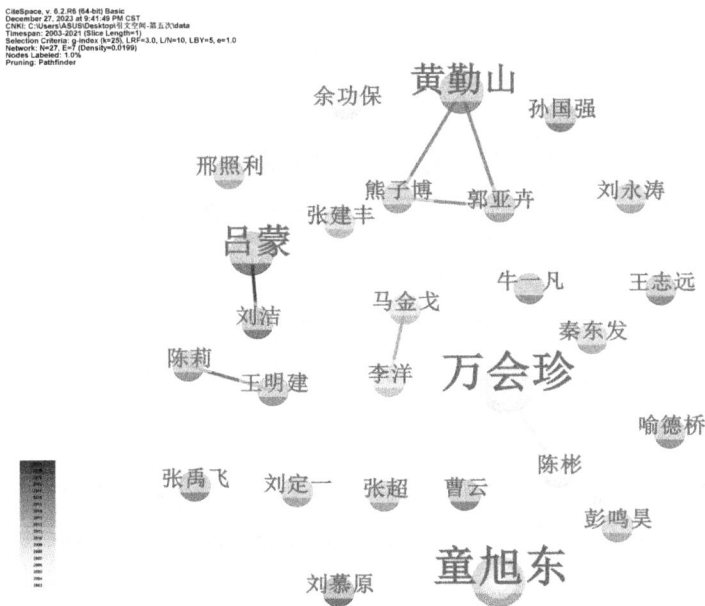

图 2-12　太极拳名家武学思想研究合作网络分析(作者合作图)

图 2-12 中共出现了 27 个节点，7 条连接线，网络密度为 0.0199。由图 2-12 可知，太极拳名家武学思想研究领域形成了以笔者、熊子博、郭亚卉三人为核心的合作较强的 1 处关系交互网络，以及分别由万会珍、吕蒙、王明建、马金戈等组成的 4 处相对较弱的合作关系(只有两人合作)，其余还有一些独立且分散的点，暂时未与其他学者形成合作关系。连接线颜色越接近深色表示年份越接近 2021 年，通过查看线条颜色深浅可以看出，合作性较强的是 2015 年；合作性较弱且年份最早的是 2005 年。

2.3.2.5　研究机构合作进展

对太极拳名家武学思想研究文献的机构合作网络进行分析后，发现部分单位机构存在所属关系。为使研究更精确，对相关机构进行合并处理，笔者使用 CiteSpace 软件的代码操作，成功合并部分机构，并得到如图 2-13 所示的机构合作图。

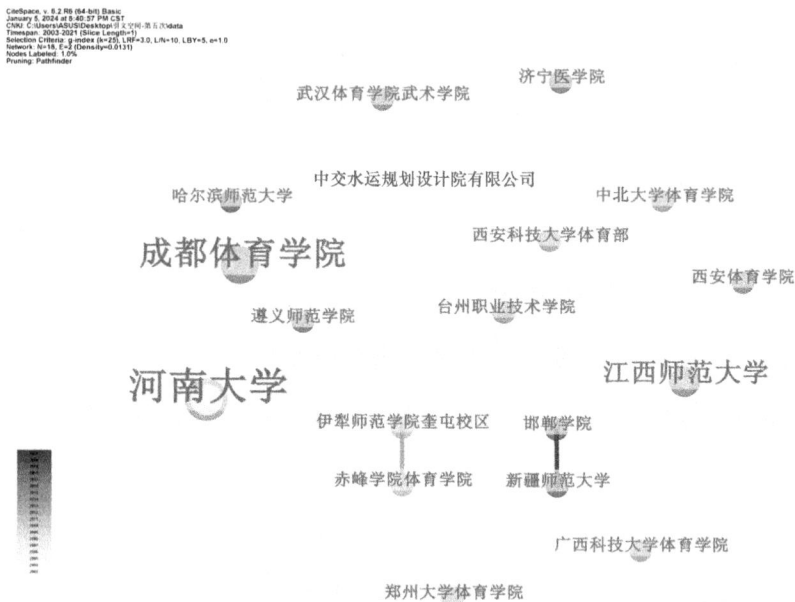

图 2-13　太极拳名家武学思想研究合作网络分析(机构合作图)

图 2-13 中共出现 18 个节点，2 条连接线，网络密度为 0.0131。从图 2-13 来看，线条连接之处即存在合作关系，即伊犁师范学院奎屯校区与赤峰学院体育学院、邯郸学院与新疆师范大学，其余机构均独立完成该领域的研究。连接线颜色越接近深色表示年份越接近 2021 年，伊犁师范学院奎屯校区与赤峰学院体育学院的合作在 2012 年，邯郸学院与新疆师范大学的合作在 2020 年。

2.3.2.6　研究热点进展

关键词是从文章中总结得出的，是文章的关键所在，是便于他人准确检索和获取论文的重要标志词。关键词在一篇文章中具有重要地位，学者们在阅读某篇文章时会重点阅读关键词，他们需要通过关键词来获知文章的主题和主要内容。图 2-14 为关于太极拳名家武学思想研究的关键词共现图谱，图中共有 53 个节点，111 条连接线，网络密度为 0.0806。图 2-14 中节点数量较多，连接线复杂交错，网络密度 $D>0.01$，图谱较为密集，较为显著的共现关键词有"武学思想""孙禄堂""郑怀贤""武学""太极拳""唐豪"。

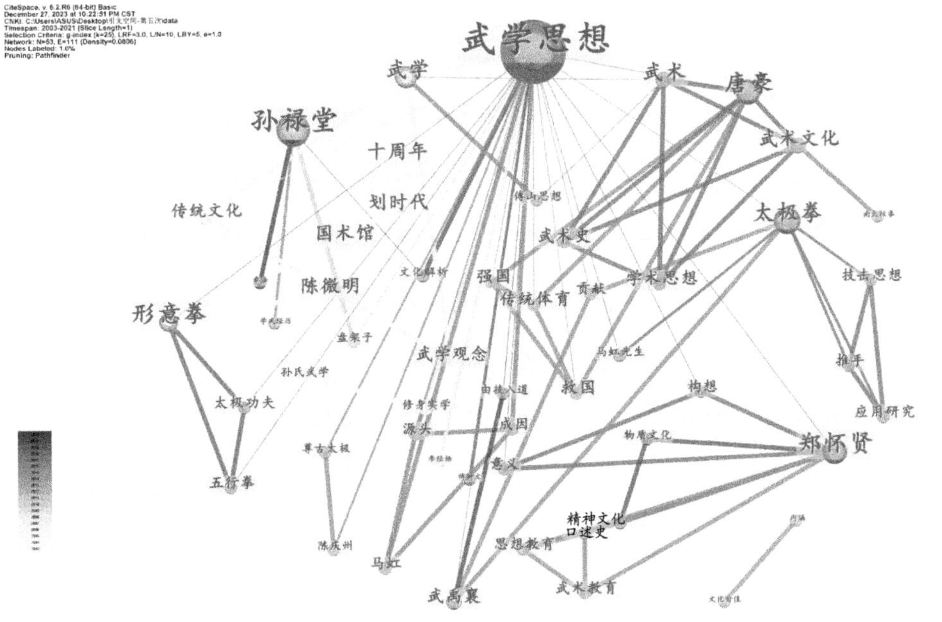

图 2-14　太极拳名家武学思想研究的关键词共现分析图

剔除"武学思想"（与检索词相同）这一关键词后，得到排名前十的关键词频次及中心性一览表（表 2-4）。表 2-4 中频次最高的热点主题为"孙禄堂"，排名第二位至第五位的关键词为"郑怀贤""武学""太极拳""唐豪"。

表2-4　排名前十的关键词频次及中心性一览表

序号	频次	中心性	年份	关键词
1	8	0.31	2003	孙禄堂
2	3	0.35	2014	郑怀贤
3	3	0.12	2006	武学
4	3	0.21	2014	太极拳
5	3	0.27	2012	唐豪
6	2	0	2006	传统文化
7	2	0.04	2015	武术
8	2	0	2014	武禹襄
9	2	0.12	2003	形意拳
10	2	0.07	2015	武术文化

　　关键词突现分析能够对所分析的文献进行集中阐释,如关键词在某段时间出现频次较高,且在不同时间节点出现频次又有所不同,则频次越高,学术界对其关注度越高。在图2-15中,在太极拳名家武学思想研究领域,学者们的关注分为三个节点,第一节点是2003—2006年,第二节点是2010—2013年,第三节点是2015—2021年。在第一节点中,出现的主要关键词有"划时代""国术馆""十国年""孙氏武学""修身实学""传统文化""孙禄堂""武学观念"。在第二节点中,出现的主要关键词有"盘架子""唐豪""文化价值""内涵"。在第三节点中,出现的主要关键词有"武术""武术文化""太极拳""五行拳""物质文化""精神文化""由技入道""武禹襄"。

　　孙禄堂是中华武术的集大成者,他的武学造诣登峰造极。孙禄堂提出了"拳与道合""文武一理"的武学思想,将其所构建的武学体系提升为中国传统哲学的实践与检验体系。郑怀贤是中国著名武术家,中医骨伤科专家,成都体育学院教授,新中国武术运动的开拓者和奠基人之一。郑怀贤自幼习武,曾先后师从武术名家魏昌义、魏金山、孙禄堂等,学习飞叉、翻子、太极拳、形意拳、八卦拳等。"传承"和"创新"是贯穿郑怀贤武学思想核心的两个词,也是激励习武者不断进步的重要标杆。从孙禄堂到郑怀贤,体现的是一种因时代变迁而产生的太极拳技法和思想变化。唐豪是中国近代武术史上举足轻重的人物,

排名前二十的关键词引用一览表

关键词	年份	影响力	开始年份	结束年份	2003—2021
划时代	2003	0.64	2003	2003	
国术馆	2003	0.64	2003	2003	
十周年	2003	0.64	2003	2003	
孙氏武学	2005	0.67	2005	2005	
修身实学	2005	0.67	2005	2005	
传统文化	2006	1.19	2006	2007	
孙禄堂	2003	0.83	2006	2010	
武学观念	2006	0.65	2006	2006	
盘架子	2010	0.67	2010	2010	
唐豪	2012	0.66	2012	2012	
文化价值	2013	0.68	2013	2013	
内涵	2013	0.68	2013	2013	
武术	2015	0.86	2015	2017	
武术文化	2015	0.86	2015	2017	
太极拳	2014	0.92	2017	2017	
五行拳	2018	0.64	2018	2018	
物质文化	2019	0.64	2019	2019	
精神文化	2019	0.64	2019	2019	
由技入道	2020	0.67	2020	2021	
武禹襄	2014	0.65	2020	2021	

图 2-15　太极拳名家武学思想研究的关键词突现图

他是第一个对武术古籍资料进行认真考证的人，尤其是太极拳源流方面的考证。唐豪等人在陈家沟对陈王廷族谱、家谱及墓碑等都作了极为细致的查阅，他们还走访遗老，刨根问底并详细记录，还对《陈氏家谱》《陈氏家乘》进行认真研究。从郑怀贤到唐豪，他们对太极拳武术技法和思想的记录，对太极拳的发展与传播有着极其重要的作用。

表 2-4 中排名第六位至第十位的关键词为"传统文化""武术""武禹襄""形意拳""武术文化"。清中叶武学大家武禹襄创立武式太极拳，引发了研究者的研究热情，故而众多研究者对其展开了研究。

2.3.3　研究分析

本书运用 CiteSpace 软件，并从社会学角度对太极拳名家武学思想的研究进展及不足加以分析。研究结果表明，在太极拳名家武学思想研究方面，学者们对其的关注度总体稳定，但产出较少，产出成果主要集中在太极拳发源地和体育院校，作者合作与机构合作情况不够理想，研究热点聚焦于太极拳名家之间的关联以及不同武学思想的内涵。

2.3.3.1　研究文献年度分布数量的对比

依据发文数量划分发文趋势图，可分为三个阶段：第一阶段为 2003—2010 年的启蒙阶段，第二阶段为 2011—2015 年的上升阶段，第三阶段为 2016—2023 年的波动阶段。这三个阶段共同构成了整个太极拳名家武学思想研究的时代发展图。

在启蒙阶段，曲线呈波动发展，有些年份仅有 1 篇文献，其他年份未发表相关论文。其原因可能在于当时国家主要致力于加强教育与武术的合作及课程设计，国家体育总局和教育部门协同合作，推动太极拳进入校园，让少年儿童深入了解中华优秀传统文化，故而这一时期思想研究受到冷落。

在上升阶段，曲线呈上升趋势，尤其是 2011—2014 年增幅较大，从 0 篇增至 4 篇。其原因或许是国家体育总局大力支持太极拳的推广工作，通过多种形式推动其发展，例如专项拨款、支持并引导各大企业举办太极拳赛事。

在波动阶段，曲线呈现顶端恒定变化，其中 2019—2020 年降幅最大，呈直线下降。其原因可能是国家大力推广太极拳健康工程，太极拳健康内涵研究成为当时该领域的热点之一。太极拳健康工程是一项全民健康工程，旨在促进国民体质健康。此工程有利于培养稳定的太极拳核心骨干队伍，实现社区、乡镇太极拳辅导站点的基本覆盖，使太极拳习练人数形成一定规模。

总体而言，2003—2023 年整体发文数量偏少，峰值不高，且部分年份无产出。沈俊婕等在《体育教师信念的国际研究现状与趋势——基于 CiteSpace 的文献计量分析》中提出，1997—2022 年关于体育教师信念的国际研究文献逐年递增，且自 2018 年起增幅较大。而太极拳名家武学思想研究的年发文数量整体较平稳，显示该领域研究人数少、关注度低，具有较大发展空间。

2.3.3.2　研究作者发文数量的对比

学者在学术研究中起着至关重要的作用。研究者的文献产出数量受参与学术研究的学者数量、学者精力投入状况以及参与研究的驱动力大小等因素影响，高产作者综合多种因素取得了相对较好的成绩。由表 2-3 可知，高产作者数量占比仅为 18.52%，低产作者数量占比高达 81.48%，这说明在太极拳名家武学思想研究中，学术产出多的作者在作者总数中所占份额极少，高产作者对太极拳领域贡献巨大，但目前极度匮乏；而产出数量较少的作者占据了学术研究的大部分，低产作者能对相应领域起到补充作用。从作者总数和高产作者数量来看，关于太极拳名家武学思想研究的高产作者数量和作者总数都非常少。

陈诗钰等在《数字消费研究现状、热点及其演进趋势——基于 CiteSpace 的可视化分析》中提到，作者人数为 158 人，依据普赖斯对高产作者和低产作者的划分，高产作者数量为 13 位，低产作者数量为 145 位，并且发文量排名前三的分别为 6 篇、5 篇、5 篇，属于高产作者发文量。根据表 2-3，关于太极拳名家武学思想研究的研究者共 27 人，其中排名前三的发文量分别是 3 篇、3 篇、2 篇。由两类研究的高产作者发文量对比可知，近年来数字消费研究投入的人数更多，涉猎范围更广，产出量更大。

2.3.3.3　研究机构发文数量的对比

通过统计发文机构数量可知，仅有 18 个，机构数量不具科研优势。单独对发文机构的发文数量进行分析，遥遥领先的机构是河南大学。学者们对太极拳流派传承谱系、河南温县陈家沟和赵堡镇在拳术发源等方面存在的长达一个世纪的"正宗"之争的研究在一定程度上促进了太极拳名家武学思想研究的发展。

邱爱金等学者在《基于 CSSCI（1998—2021）的我国京剧热点问题研究综述的可视化分析》中提到，大部分京剧理论的研究机构主要来源于华北和华东地区。京剧发源于北京，在北京经过了较长时间的交流与融合，因此我国京剧热点问题研究综述集中在以北京为中心的华北与华东地区。与此相同的是，太极拳名家武学思想研究集中在以河南为中心的华北与华南地区，这表明太极拳研究机构的相关研究成果数量与是否为太极拳的起源地存在一定关联。

2.3.3.4　研究作者合作的对比

在作者合作方面，形成了以笔者、熊子博、郭亚卉三者为核心的合作交互网络，但仅这一处合作网络，其他作者未形成合作网络，合作连接线总数也屈指可数，仅有 7 条。研究作者非常少，每位作者在图谱中均呈点状无规则分布，这种点状分布表明太极拳名家武学思想研究未受到学术领域的重视。

汪晓美等在《基于 CiteSpace 知识图谱的企业数字化转型研究现状及热点分析》中提到，2011—2023 年企业数字化转型研究的作者合作中，节点有 151 个，合作连接线有 70 条，2 ~ 3 人的合作连接线较多，并形成小型研究群组。而关于太极拳名家武学思想研究的作者合作节点有 27 个，合作连接线有 7 条，以个人研究为主，2 ~ 3 人合作较少，仅一处是由 3 人组成的合作，这说明相对于企业数字化转型研究，太极拳名家武学思想研究的作者团体合作未形成研究群组，连接强度不足。

2.3.3.5　研究机构合作的对比

从机构合作来看，仅形成了 2 条合作连接线，未形成机构合作网络。合作集中在伊犁师范学院奎屯校区与赤峰学院体育学院、邯郸学院与新疆师范大学等北方研究机构。仅有的两条合作连接线表明在太极拳名家武学思想研究领域，机构之间存在较大信息壁垒，致使机构合作难以形成。太极拳名家武学思想研究合作集中于内蒙古、新疆、河北等北方地区，这些地区历史文化底蕴深厚，形成了文化传承与高校联系之间的合作研究，而南方自改革开放以来虽经济发展迅速，但在太极拳名家武学思想合作研究传承方面表现不佳。由此可见，以河北为主的北方地区相对于南方沿海等经济发达省份而言，属于经济欠发达地区，但在武学传承方面措施更完善，成果更丰硕，如今南方经济发达省份在武学文化传承方面的发展不如北方。南北差异日益加大，中国区域经济发展不平衡，各产业发展的南北差异在其中的作用愈发显著。

彭思敏在《基于 CiteSpace 的国内养老消费研究现状及发展趋势研究》中提到，1997—2022 年国内养老消费研究机构合作中，节点为 137 个，连接线为 56 条，领域内各研究机构分布较分散，合作度较低，未形成紧密的联系网络。而关于太极拳名家武学思想研究的机构合作节点有 18 个，合作连接线有 2 条，未形成合作网络，这说明研究太极拳名家武学思想的机构过少，资源共享能力不足，其发展平台弱于国内养老消费研究。

2.3.3.6　研究热点的对比

通过关键词共现图谱可发现出现频率较高的关键词有"武学思想""孙禄堂""郑怀贤""武学""太极拳""唐豪"，其次为"传统文化""武术""武禹襄"

"形意拳""武术文化"。这些关键词共现表明，太极拳名家武学思想研究伴随各太极拳名家武学思想的传承与发展而推进。

关键词突现中出现了"国术馆""武学观念""盘架子""文化价值""内涵""物质文化""精神文化"等。中央国术馆的创办是中国近代体育史上的一件大事，掀起了一场以民族传统体育强健国民体格、振奋民族精神的武术发展热潮。通过关键词频次结合关键词突现可知，该领域第一节点极为关注太极拳名家武学思想的源头。在突现的第二节点，主要关注的是唐豪，而唐豪主要关注的是对太极拳名家武学思想的记录，以及追寻其文化价值和内涵。在第三节点，关注集中于太极拳作为中华传统武术之一，其中所蕴含的名家武学思想的武术文化，包括现代的物质文化和精神文化。

2.3.4　研究小结

学者们针对太极拳名家武学思想研究主要得出以下结论：研究者的关注保持相对稳定的态势；研究力量薄弱，个体呈点状分布；研究成果在太极拳起源地区的高校较为集中，成果集中于太极拳名家武学思想的传承发展，以及各太极拳名家武学思想内涵的异同点上。

2.4　马虹武学思想研究

马虹是当代太极拳大师，其生平事迹有明确记载，主要见于他所发表的文章、著作、相关报道、学者们的评价以及后人为他撰写的墓志等，主要体现在以下几方面。

关于马虹生平大事记述。时任石家庄市武术协会主席的王乃虎在马虹先生追悼会上作了"马虹同志生平"致辞，对马虹的一生进行了简要述评，并对其在太极拳发展方面的贡献给予高度肯定。这是官方对马虹一生的总结性评价。他对其从出生至离世各时期的大事进行了简要记述。马虹大师擅长写作，一生在各种报纸、刊物上发表文章 300 多篇。马虹大师离休后，一直从事太极拳的研究和传播，先后在 26 个省（区、市）的 120 多个地区传授太极拳，并应邀到美国、意大利、加拿大等国传拳、讲学，直接传授学生 16000 余名。马虹在《太极拳与人生》一文中讲述了自己与太极拳的缘分，讲述了不少往昔岁月，从在学校学习到工作，再到后来学拳、传拳。他表示自己较高的文学造诣得益于段西侠老师的培养以及工作后长期从事文字工作。该文提到了他如何与太极拳结缘、修拳，如三上北京、两下河南等学拳经历。马虹对自己一生所获得的荣誉则轻描淡写。

关于马虹武学思想之技术体系。赵士元等在《马虹先生拳架特征研究》一文中，对马虹的太极拳外显形态进行了归纳总结。他认为，马虹所练的太极拳拳架结构严谨，雍容大气，外形饱满，刚柔相济。他用"圆""低""抖""精""神"五字高度概括了马老拳架的特征。

关于马虹武学思想之理论体系。杜国强在《马虹先生矢志不渝地坚守》中写到，马虹一生对武学有三个方面的"坚守"：一是坚守传统拳架。太极拳由简至繁慢慢地走向成熟，凝聚着数百年来人们的心血，是中国传统文化和人类智慧的结晶，是一个完整体系。套路是太极拳内涵的载体，是太极拳全部功夫的基础，每个拳式都有其内涵，不能轻易地简化或更改。二是坚守太极拳的规矩。他遵守规矩，化解规矩，以规矩教人。三是坚守太极拳的理论阵地。马虹将太极拳作为终身修炼的学问，投入毕生精力进行理论上的归纳、总结和研究。

关于马虹武学的当代价值。刘俊华在《太极拳大师马虹对于传统陈拳传承与发展的重大贡献》中，对马虹大师对武学的贡献进行了粗略整理。第一是马虹整理编著了传统陈式太极拳的系列教材，如《陈式太极拳体用图解》等；第二是全面系统阐述了太极"阴阳相济"拳理，主要体现为"阴阳整体观""阴阳相济论""阴阳相互消长形之于拳"；第三则是强调并践行了"拳架是太极拳全部功夫的基础"。陈式太极拳"四大金刚"之一朱天才认为马虹练拳、传播拳术的精神值得大家学习，特别是理论部分，为传播太极拳作出了不可磨灭的贡献。国家级非物质文化遗产代表性传承人王西安大师认为马虹德艺双馨，为太极拳事业的传播作出了巨大贡献。陈正雷认为马虹走南闯北，培养了大批优秀弟子，为推广普及陈式太极拳作出了卓越贡献。

综上，对于马虹的研究众多，主要集中在生平简介、技术体系以及其对社会的贡献上，马虹对武学界的贡献受到高度认可，但大多比较分散，且尚未有人对马虹武学思想进行系统评述，因而本书研究有其必要性。

第3章

太极拳武学思想浅析

太极拳在世界范围内广泛传播，受惠者数以万计，太极拳传承人是关键因素。太极拳成就了传承人(促使他们成为一代太极拳名家)，而太极拳传承人用实际行动赋予了不同于其他拳术风格的太极拳以生命。太极拳传承人与太极拳是相互促进、相互成就的关系。在太极拳发展的历史长河中，涌现出了一大批优秀传承人，比如陈长兴、陈清平、杨露禅、武禹襄、孙禄堂、陈发科、陈照奎、马虹。最终，众多太极拳名家的武学思想汇聚成河，形成了内涵丰富的太极拳武学思想。

3.1　德行观

在中国，德历来备受重视。古代，孔子奉天道为至善，认为追寻道的重要途径是德，并提出"志于道，据于德，依于仁，游于艺"，明确了"若将道作为志向，道就是最终目标"的观点。孔子所提的"道"，不仅具有外显形态，更注重内在德行。无论在古代还是当代，无论是民间还是官方，都极为重视德行。在西周时，道艺与德行贯穿西周教育始终，二者共同构成了西周时期君子之学的核心内容。中华人民共和国成立后，德智体美劳成为教育的核心内容。

武术文化在中华文化语境中成熟，与中华文化之德一脉相承。在武术界，这种德被称为"武德"，它拥有一套完备的规范体系。武德是武术的重要内容，是武术学习的关键环节，有"未曾学艺先学礼，未曾习武先习德"之说。武术界对武德的要求极高，许多武术家教拳授艺并非取决于自己与受教者关系的亲疏，而是将武德作为传授的衡量标准。李仲轩、徐皓峰等人在其《逝去的武林——1934 年的求武纪事》一书中回忆道："武术的传承不是关系越好教得越多，有许多拳师连自己儿子都不传。你的人品连老师都夸奖了，当然会教你。"李仲轩、徐皓峰等人所说的"人品"就是武术界所说的"武德"。

武德教育是武学传承人进行武学传承的重要内容，通过何种方式能让受教人更易养成高尚的武德，引发了许多人深入思考。不少人选择说教式教授武德，但效果一般。还有一种是灌输式，强行将思想灌输给受教者。这两种武德教育方式已被实践证明效果欠佳。相较于说教式和灌输式，教授者的行为举止对受教者的德行影响更大。教授者的一举一动可能会对学生的认知和心灵产生影响。唐代文学家陆贽曾说："动人以言者，其感不深；动人以行者，其应必速。"太极拳的德行观在一代又一代太极拳传承人的努力奋斗中形成。太极拳传承人既是接受者也是授予者，既接受其师父（老师）的教诲，也传道授业解惑。社会心理学研究表明，个人德行的形成并非由人的本能、需求以及机械的外界环境等决定，而是通过个人与环境相互影响、相互作用，二者因彼此变化而变化。在社会交往过程中，当某种行为受到鼓励时，这种行为被重复的可能性就会增大，而这种重复会因鼓励程度的变化而产生变化。这意味着，在传播拳术的过程中，太极拳受众的行为会受到太极拳传授者行为的影响，并且太极拳传授者的德行会在社会交往中转化为太极拳接受者的德行，从而影响太极拳练习者的德行。传授者道德高尚、品行端正，拳术接受者也定会耳濡目染，积极向上、向善。因此，作为中华武术优秀拳种之一的太极拳，对传承人的德行要求极为严格，甚至有人提出"拳学修习目的在于修身育德，完备人之性德"。德是太极拳发展的主线之一，对德的重视贯穿太极拳发展的始终。目前，已形成了一整套关于太极拳德行的话语体系。

首先，崇德扬善是太极拳德行思想的基础。善指善良，是以"仁"为核心的中华传统美德的外在表现。在武术中，"崇德扬善"体现为以"仁义"为核心的"不争之德"。武德的重点在于"仁"字，所谓"仁"，即仁爱。儒家思想推崇"仁爱"，处处体现"人和"，将"仁"德作为人际关系的处理原则，出于两个层面的考虑：一是强调为他人着想，二是强调自我约束。在日常为人处世中，要能宽以待人，严于律己，时刻牢记"骄谄勿用，忍让为先"。太极拳的"仁"德，既体现在拳理上，又在拳技中有所体现。太极拳的习练还是对内在世界的修炼，通常情况下不与人交手(正常练习除外，如同门练习、与其他门派交流等)，选择对他人仁慈，不忍心让对方因自己产生不良情绪。在被迫与人交手时(比如对方以某种形式威胁周边人的生命安全)，将"仁"字铭记于心，遵循"彼不动，己不动"的拳术理论指导，绝不主动抢占先机，而是主动将先机让给对方，这是"仁"德的表现。在被迫与人交手时，有两种情况：一是在自己占优势时，要求引进落空，即不与他人之力对抗，只引他人之力，最终将其力放空，从而解除危险，或者是"运气于己身，敷布彼劲之上，使不得动"；二是当自己被迫与人交手处于劣势时，要求舍己从人，主动给予对方想要的，不与他人相抗。无论是对他人避让，还是被迫与人交手，处处彰显着"仁"德之意。

其次，"谦和含蓄"是衡量太极拳修为高低的关键。谦和含蓄的待人处世方式，是事业成功的重要品质之一，得到了众多人的认同。谦和含蓄是中华民族数千年历史发展中形成的优良品质，这种品质体现在人与人、人与社会宽柔和美的关系准则和人生态度上。"谦和"体现在与人、与社会的关系处理中，是一种心态。著名太极拳大师陈鑫曾直言："学太极拳不可狂，狂则生是非。不但手不可狂，即言亦不可狂。外面之行迹必带儒雅之风气，不然狂于外而必失于中。"形意拳、八卦拳、太极拳三拳合一的孙式太极拳创始人孙禄堂也明确指出，凡求道艺者务要虚心，虚心则心明，心明则性真；凡遇有一技之长者，无论其功夫高低皆要拜为师友，虚心求教。"含蓄"的重要表现为"中和"观，即不偏不倚、无过不及之意。陈鑫将这种"无过不及"称为"中庸",并将此"中庸"思想融入拳式和拳法中。他主张在太极拳修炼中应该张弛有度,既不松弛也不过分紧张,保持一定弹性。这种主张主要有两种表现:第一,在拳架中的表现,具体来说体现在身法上,身法端正是根本,要始终保持,即使"间架即有时身法歪斜,是亦中正之偏,偏中有正";第二,在技击中的表现,在与人交手时,若"彼引我进,我只可至吾边界",守在拳之规定处,不出自己的边界,以保证中正身法。在行拳过程中,要时刻立身中正安舒,支撑八面,做到无所偏倚。

最后,"自强不息"是太极拳德行提升的要旨,是习武者生命价值观的体现。"自强不息"一词,出自先秦《易经·乾卦》:"天行健,君子以自强不息。"自强不息是指自己努力上进,永不懈怠。这是一种积极的人生态度。太极拳作为一种拳术,通过两种方式推动自身发展:一是通过对人身体机能的练习,实现强壮筋骨、娱乐艺术的目的;二是通过对内在世界的精神修炼,锤炼锲而不舍的精神以及勇敢无畏的胆力,最终形成一种较高的意境。"冬练三九,夏练三伏""太极十年不出门"等谚语都表明习武的艰辛。这种艰辛体现在身与神的统一上:一方面是身体的超强负荷,另一方面需要拥有强大的内心世界,二者融合,才可能成为一个时代的标杆。王西安、马虹等人身上蕴含着强大的"自强不息"的能量,即使面对暂时的不如意,学习太极拳也从未间断,他们凭借超强的意志,练就了精深的太极拳。

3.2　技击观

"技击"的内涵在《中国武术大辞典》中有古代和现代之分,古代指搏斗击刺的技术,而现代指实战的武艺,也可作为武术的别名。技击发展至今,有两种解读:一是类似于武术的别称。有学者从文献入手,对技击进行了系统梳理,认为技击随社会发展而不断演变。"技击"一词最早在战国时提出,其最初特指一种军事制度以及依照该制度所训练出来的军队;到了唐代,"技击"变为"作为军事目的的近战武器攻防技术";到了明朝,又分化为"以娱乐为目的的单人近战武器攻防技术";到了晚清、民国,进一步演变成"作娱乐目的的单人以徒手为主,兼及近战器械攻防技术"。这一转变,与当今所使用的"武术"一词大致相当。王东等人认为,武术技击经历了从为了生命到展示生命、从攻防技击到表演技击、从自我表现到自我实现的转变。二是武术攻防内涵的总称，也可称为拳术技击。在原始社会，在人与兽的搏斗中产生了徒手搏斗，但真正意义上的拳术技击始于商周。西周末期到春秋战国时期，徒手搏斗作为一种自卫术在民间逐渐传播。当时认为拳术与勇气是男子应具备的两种气质，并且二者相关联。这或许就是以徒手搏击为基础的散手的起源。在秦代，徒手搏斗出现流派之分。这一时期有两条主要发展线索：一是沿袭传统，在原有基础上向精细化发展；二是剥离实用性，逐渐娱乐化。其中娱乐化后的徒手搏斗，可以看作当前武术表演套路的前身。至于武术技击思想，则是在东周时期形成。《庄子·人间世》中有相关记载："且以巧斗力者，始乎阳，常卒乎阴。"而后武术的技击内涵不断丰富，形成了包含徒手、刀、叉、剑等各种技术的中华武术技击体系。

太极拳属于武术，具有武术技击的本质，攻防格斗是太极拳最为突出的表现。因此，技击实战在太极拳修习中至关重要。当代太极拳大师马虹更是直言："不会技击的传承人不是一名合格的传承人。"旧时代，练武之人流行访人，练成之后就四处走动，谁出名就找谁，上门就打架，败了就学两招，胜了立刻离开。太极拳集大成者孙禄堂曾遍访名师，与他人比武，在比武中学习技艺。这是武术界特有的一种门派间的交流方式，也是拳家个人提升拳术修为的有效途径。在长期的太极拳修习中，习拳者汲取实战经验，形成了独特的太极拳技击观。太极拳技击观建立在传统哲学基础上，体现出阴阳相济的基本思想特征。

"阴阳"是一个哲学词语，也是太极拳技击的主导思想。太极拳技击的特点是阴阳相济。这种阴阳相济的技击特征，可以简单理解为平衡，主要有三层平衡：一是仅在重力作用（没有外来作用力）影响下，身体是否平衡，如骨架体系是否平衡，肌力是否平衡，内脏相对位置是否改变等；二是除重力外有其他力量介入（有外来作用力）的情形下，身体是否仍然能够保持平衡；三是习练者内心是否平衡，是否会受到外来事物（非物理力量的介入）的影响。太极拳阴阳相济的技击观，就是追求以上平衡，常以"阴"和"阳"来表示。陈式太极拳就对此技击有要求：纯阴无阳是软手，纯阳无阴是硬手，一阴九阳根头棍，二阴八阳是散手，三阴七阳犹觉硬，四阴六阳是好手，唯有五阴并五阳，阴阳无偏称妙手。太极拳的拳术经典指出了太极拳刚柔相济的阴阳技法，即刚为阳、柔为阴，只有阴阳中分，才能不偏不倚，瞬间转化，提高攻防格斗能力。太极拳阴柔轻灵,犹如和风细雨;阳刚沉着,如雷霆万钧;二者兼备互用,有柔有刚,方得太极两仪。太极拳中对刚柔相济道法的方式存在诸多争议,但争议主要沿着两条线展开。一是主张由刚入柔。这种方法主张从刚强劲法开始练习,然后从刚强逐渐形成刚柔兼备。二是主张从柔入刚。这也是当前大部分太极拳练习者的观点。它主张开始时以柔化练习为主,在柔化中探寻刚劲,认为"极柔软,然后才能极坚刚"。虽然修炼方式有所不同,但最终都是为了追求刚柔并济。

3.3 体用观

在历史进程中,太极拳强身健体的价值不断被人们所认知。在汲取中医养生思想的基础上,结合太极拳技击术,不断强化强身、护体的功能,形成了丰富的太极拳体用思想。太极拳具有祛病强身、延年益寿的功效,其强身健体的主要理论指导为导引和吐纳术,具体表现为:"意识、呼吸和运动"密切配合且富有韵律的运动;"心静体松,动静结合"的内功拳;"缓慢柔和,连绵不断"的中等强度有氧运动特质;"节节贯串,劲走螺旋"的大小肌群共同参与的整体性运动(具体见图 3-1)。随着太极拳技击功能逐渐被弱化,其强体功用日益凸显,形成了强调健康为主,技击为辅的局面。

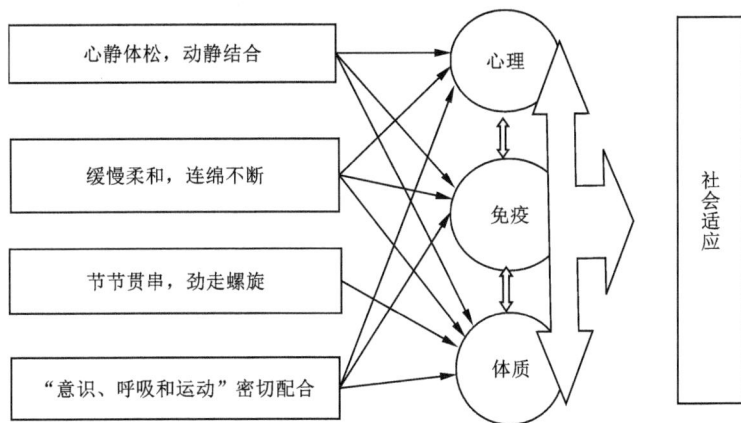

图 3-1 太极拳运动特征与健康的关系(引自郑松波《太极拳健身原理研究》)

理论源于实践，实践是检验真理的试金石。太极拳理论源自实践，在形成过程中又指导技能修炼。文武双修是太极拳所主张的：文以内养，武以强身、护身，方能文成武就。太极拳名家陈鑫说："虽曰习武，文在其中矣。"他主张即便练习的是术法，文也蕴含其中。在太极拳武学思想中，文武双修观是重要的体用观念。

首先，形成较高文学素养。长期对文理进行研习，形成扎实的理论功底，为自身准确理解太极拳、精进技法提供更多可能，也为凝练太极拳理论奠定坚实基础。这类代表人物有陈鑫、武禹襄、马虹等。陈鑫受父陈仲甡之命习文，获岁贡生，多年的文化学习使陈鑫具备较高的文化素养，增强了他对太极拳的理解，最终留下太极拳经典著作，为后人的太极拳研究提供了扎实的文字材料支撑。武禹襄的文学之路与陈鑫相似，皆是从小启蒙，形成了丰富的理论基础。马虹则在学、教、研的过程中，形成自身文化素养。这三位太极拳名家，均从小开始学习，并长期坚持文理学习，拥有扎实的理论功底，而后都为凝练太极拳理论贡献巨大，是太极拳文学素养修炼的典范。

其次，著书立说。当太极拳文学素养达到一定高度时，形成独特见解并以文字记录，乃形势所趋。陈鑫发现父辈只教太极拳招式，不谈理论，也不讲拳式。陈氏虽太极拳名家众多，但完整的太极拳著述甚少。陈鑫取得岁贡生后，立志研究拳论、拳法，著书立说阐释太极拳理，历经十数载笔耕不辍，完成了《陈氏家乘》五卷、《陈氏太极拳图说》四卷、《太极拳引蒙入路》和《三三六拳谱》等，开陈氏重视拳术文字记载和理论研究的先河，对后世影响深远。武禹襄依据自身习练拳术的体验，提炼精简拳论，最终形成备受太极拳界赞誉的《打手要言》。该文字字珠玑，无一赘词。马虹通过数十载的文字撰写，形成了《陈式太极拳拳照图谱》《陈式太极拳劲道释秘——拆拳讲劲》等著作，他对太极拳动作细节的把握及阐述尤为精准。

最后，高超的技艺。马虹中年才开始学习太极拳，已过所谓拳术学习的"敏感期"，但他通过对理论的理解，加速了自身拳术的提升，最终成为当代太极拳大师，是用理论促进武技大幅提升的典范。

3.4 艺术观

在中华传统文化基础上，形成了多元且传统文化特征显著的太极拳艺术思想。从太极拳的技击及套路形式上，彰显出浓厚的民族审美特征与风采，从"宽"与"猛"、"神"与"形"等方面构建了太极拳质朴的艺术思想。

"宽猛相济"是太极拳艺术思想的特征之一。"宽"指柔和、舒展、轻松得体的自然风格与品质；"猛"则指与之相对的刚猛、直朴而雄健的风格和特征。在太极拳中，"宽"指的是外部形体动作与情感的配合，在技术体系上有虚、藏、柔、圆等不同形式。"猛"特指太极拳运动在劲力上的完整以及发力时的集中体现，以其宏伟气势为特色，凸显出劲力刚、猛、快的技术体系特征。太极拳兼容民族特征，虚与实、柔与刚、方与圆是其"宽"与"猛"的传统审美艺术表现。

"虚实"是太极拳技击价值的重要保障，也是太极拳艺术价值的重要体现。太极拳强调周身上下处处皆有虚实之分。在太极拳中，处处需分清虚实。分清虚实是为了让拳者的虚实转换自如、衔接且一气呵成。通常而言，将承受体重的一侧视为实，将在不移动重心的情况下灵活运转的一侧称为虚（在练习太极拳过程中，虚、实时刻在转换）。太极拳常依"矛盾"的逻辑运行（比如"预左先右""预上先下""预前先后"等指导思想），通过这种先呈现与目的相反的路径运行，而后转向真正目的地运行，达成真实目标。这是"虚实"的另一种表现。通过对"虚实"的把握，使周身灵活、运转自如，能促进技击者获得最佳自由度，产生更优的技击效果和美学效果。

"刚柔"涵盖阳刚之美、阴柔之美，是中国传统的审美思想。太极拳包含刚柔相济、柔中寓刚、绵里藏针的艺术。顾留馨认为："'一柔到底'非太极，有柔有刚方成拳。"这是太极拳阴阳思想的艺术化呈现，在刚柔相济中形成良好的艺术效果。刚柔相济的最终追求有两条路径：其一，由柔入刚；其二，由刚入柔。这种刚柔有三种表现。首先，体现在劲力流转上，包含发劲和不发劲两种。发劲时，如山崩般，干脆利落。不发劲时，则外显安逸，内部劲力如小河流水缓缓流动。其次，体现在心意上。心意上的刚柔重点表现在技击意识上，有"彼不动，己先动"的进攻意识和"彼不动，己不动"的防御意识，进可攻人，退可自守。最后，体现在战略上。太极拳强调以柔克刚，在对方劲力袭来时，主张不与他劲相抗，通过引进落空的方式，先引后落空，当对方劲力处于空悬状态时，柔转为刚，开始将所蓄力量发出，谓太极"引进落空合即出"，形成完美的技击艺术。

"圆"和"方"既展现圆滑的处世状态，又蕴含中国人的铮铮傲骨。这种佳境在太极拳中的具体表现为"圆动"和"定方"。所谓"圆动"，是指技击技法的轨迹，也指招法变化以圆为要诀，在身体形态变化时圆转灵活，动作衔接有序，不凝滞僵直。太极拳自始至终连绵不断，周而复始，循环无尽。这种不间断的循环必然要求太极拳的劲力路径为螺旋状，保持运动中的"圆"之要求。太极拳中的"圆"有平圆、立圆、大圆、小圆之分，众多"圆"联合形成一个螺旋式的运行路线。太极拳以"非圆即弧"为运动轨迹原则，大圆带动小圆，圆圆衔接有序，节节贯串形成立体螺旋运动轨迹。所谓"定方"，指技击动作要直接展现出劲力发放和静定拳势姿态，如头正、身正等特征。在太极拳艺术中，点即为方，要求发力为整劲，且发力短促，是一种动作极度紧凑的表现。前进时，应为圆，后退时，应为方，使自身不失劲力。在太极拳中，应方圆相济，既不失方圆之态，又使方圆适宜。

第4章

当代太极拳代表
——马虹武学思想

马虹是当代太极拳大师，既有理论贡献又有武技，是太极拳的优秀传人，是当代太极拳武学思想的代表性人物。马虹的武学思想与太极拳武学思想一脉相承，同时融入了时代元素，形成了独特的当代太极拳武学思想。

4.1 马虹武学思想成因

马虹(1927—2013)，原名郭毓堃，河北省深州市前磨头镇人。他是陈式太极拳第十一代传人，曾任河北省石家庄市武术协会副主席、石家庄陈式太极拳研究会会长、中国·温县国际太极拳年会组委会副秘书长。1994 年，被国际太极拳年会评审委员会评为中国当代十三名太极拳大师之一。马虹的武学思想是他在长期研习太极拳的过程中形成的，是内因与外因共同作用的结果。

4.1.1 马虹武学思想外源成因

马虹的武学思想根植于中国肥沃的文化土壤，其形成与他所处的社会背景密切相关。1950 年，中华全国体育总会在北京召开武术工作座谈会，将武术纳入体育议事日程，提出了竞技武术与传统武术的差异。自此，武术开启了以套路为方向的体育发展路线，武术的价值开始被社会各界重新探讨。武术具有运动属性，可作为一种运动方式，但与西方所倡导的竞技体育有本质区别。西方以奥林匹克为运动集合体，追求"更快、更高、更强、更团结"的奥林匹克精神，这与中国武术的"仁"思想相背离。再者，就竞技体育本身而言，尚不成熟，将贯穿整个中华文明史的武学纳入这一不成熟的体系，必然导致武术价值取向的异化，进而影响武术的存在形态。此后几十年，中国武术的发展也证实了这一观点。当前，中国武术形成了一种矛盾局面。一方面，竞技武术与传统武术的争论从未停止，削弱了武术发展的力量。另一方面，武术练习者往往只练其一，练套路者追求"高、新、难、美"的动作表现，不考虑武术本身蕴含的技击属性，随意篡改武术动作，使武术逐渐"操"化，而练技击(散打等)者则几乎不练套路，削弱了其技击性。

党的十一届三中全会为武术发展带来了新机遇，确定了"解放思想，开动脑筋，实事求是，团结一致向前看"的工作方针，将武术工作提升到应有的地位，为武术发展开创了新局面。1982 年，国家体委(今国家体育总局)在北京召开中华人民共和国成立以来的第一次全国武术工作会议，重新审视武术发展方向，制定了新时期武术发展的新任务，提出以表演为主的套路练习和以对抗为主的散手(散打)练习。至此，武术正式开启了竞技与传统之争、套路与散打分流的局面。1987 年 8 月 6 日，国家体委发布《关于加强武术工作的决定》，从十二个方面提出加强武术工作的具体要求及实施措施。1988 年在兰州举行了散手表演赛。1989 年在江西宜春举行了第一届武术散手正式比赛——全国武术散手擂台赛。1992 年召开了第二次全国武术工作会议，提出了武术的"三步走"战略目标。至此，武术在历史新时期蓬勃发展。2001 年，国际武术联合会将每年 5 月确定为"世界太极拳月"，世界各地的体育、武术及太极拳组织会在 5 月举行丰富多彩的相关活动。同年，北京申奥成功后，国际武术联合会向奥组委提出武术进驻奥运会正式项目，掀起了武术发展的新高潮。至此，武术迎来了新的历史高度。马虹的武学思想在这一大背景下迅速成熟。

4.1.2 马虹武学思想内源成因

马虹学识渊博，拳术精湛，教学实践丰富，对传统文化理解深刻，能把握文化精髓，坚守我国优秀文化的"规矩"，突破自我封闭的局限，这些是形成马虹武学思想的内因。

4.1.2.1 理论锤炼

民国十六年十一月二十一日(1927 年 12 月 14 日)，马虹出生于河北省深县(今深州市)。在北京读中学时，马虹的语文老师段西侠要求他每天写日记，阅读课外文学读物(如《鲁迅文集》《普希金诗集选》等)，且每天放学时必须交给他审核，并逐句批改。这让马虹有了丰厚的文学功底。1945 年 9 月，马虹就读于河北省立北平高级中学，负责主编墙报《文学周刊》，并在《保定日报》上发表几十篇诗歌、散文。1947 年 10 月，他转入华北联合大学(中国人大前身，其于 1948 年 8 月与北方大学合并，成立华北大学)文学系，1948 年毕业。除了完成繁重的本职工作外，马虹先后在《石家庄日报》、《工人日报》、《石家庄文艺》(今《新地》)等刊物发表诗作及散文 200 多篇，为报社代笔撰写社论 34 篇。1952 年 9 月，马虹担任石家庄市总工会调研室主任兼秘书科长，并负责主编机关刊物《石家庄工运》，承担了大量起草、写作任务。马虹长期从事教育、写作和编辑工作，是个典型的文人雅士。20 世纪 50 年代担任机关秘书期间，加班是常态，他几乎每年都有 30 多万字的文字起草任务。这极大地提升了马虹的文字处理能力，为他研习太极拳奠定了扎实的文字基础。

　　1964 年，马虹阅读了沈家桢、顾留馨编著，陈照奎演示的《陈式太极拳》，正式踏上太极拳理论的研修之路。"文革"期间，社会秩序混乱，马虹被"挂起来"，八年未被安排工作。在此期间，他"走后门"借到陈鑫的《陈氏太极拳图说》，逐字将四册书几十万字抄录下来。马虹对这两本太极拳著作的精读，为他理解太极拳奠定了坚实基础。不久后，马虹的理论造诣开始显现。1982 年，马虹倡导成立了全国第一个陈氏太极拳研究会——石家庄市陈氏太极拳研究会(今石家庄市武协陈氏太极拳专业委员会)，创办了刊物《陈氏太极拳研究》。其间，马虹勤奋钻研，学习一切他认为能加深对太极拳理解的知识。他向袁鸿寿学习《易经》和中国古代军事学，并自学了运动解剖学、运动生理学、运动生物力学等现代学科。无论是文学方面的造诣、对中国古代哲学的学习，还是对近代西方现代科学的深造，都为马虹理解、研习、传播太极拳提供了有利资源，为他后期整理、总结太极拳理论奠定了扎实的理论基础，促进形成了马虹的武学思想。

4.1.2.2　太极拳缘修

　　1962 年以前，马虹是一位文弱书生，长期的文字工作拖垮了他的身体。起初是神经衰弱，夜不能寐，随后头痛、胃痛、肾炎、关节炎、过敏性鼻炎等疾病接踵而至，多方求医均不见效。他无奈接受一位老中医的建议，开始学习太极拳。1962 年，马虹开始练习 24 式简化太极拳，后又跟王益三学习傅钟文所传的 85 式杨式太极拳。1972 年，马虹拜陈照奎为师，正式开启了他的太极之路。1972—1980 年，马虹三上北京、两下河南，三次邀请陈照奎到家中授拳，与陈照奎结下深厚情谊，学到了正宗陈式传统太极拳。

　　马虹习得的上乘技术体系在赛事、生活应激反应中得到体现，以及在同行专家的评价中得到认可。赛事是当代检验武术技击能力的一种方式，通过模拟真实格斗环境来检验技能掌握情况。当然，必须承认，赛事虽模拟真实场景，但对于某些危险技术动作可能有限制，因此只能作为水平高低的参考。在相同规则下，马虹取得了优异成绩，一定程度上表明他拥有出色的武技。另一个例证是，有一天清晨，马虹在路上，一辆汽车迎面驶来，在即将撞到他的瞬间，马虹一个跳跃，成功避开了急行的汽车，避免了一场车祸。马虹事后回想，"捡回了一条命"。这显然是马虹练习太极拳后所获得的超强反应能力以及爆发、跳跃能力的应激表现。1986 年，在成都首届全国太极拳研讨会上，马虹的表演受到了太极拳名家顾留馨和陈立清的称赞,他们称赞马虹所演练的拳最像陈照奎。马虹习得了上乘的太极拳术,这为马虹武学思想的形成奠定了技术基础。

4.1.2.3 教学实践及理论凝练

理论源于实践,又高于实践,实践是检验真理的唯一标准,二者相互独立又相互促进,是一个有机整体。理论的任务和价值在于认识世界和改造世界,理论所要认识和改造的世界即人们生活其中的感性世界,实际上就是实践的世界。理论较为宏观,是一种上位指导,对实践具有指导和校正方向的作用。太极拳是我国的民族运动项目之一,目前因其独特的技击、健体、艺术等功效在全球推广并广受认可。在太极拳的传承和发展过程中,通过太极拳工作者的实践凝练,形成了风格各异的太极拳流派,并产生了各流派不同的理论成果。这些理论成果曾因社会生产力的限制,主要通过传承者之间口口相传以及书籍的形式留存。

拳谱是保存这些太极拳理论成果的书籍,记录了太极拳传承者对太极拳各方面的认识,包括源流发展、拳术技术体系(如器械、套路等)、拳术理论体系(如武德等)。拳谱对太极拳的传承发展意义重大,尤其在生产力不发达以及太极拳发展的早期阶段更为重要。在师徒传承中,师父的身体状况欠佳、领悟能力不足或因特殊情况突然中断等,极易导致太极拳某一技艺传承不完整,甚至重要技艺失传。太极拳拳谱的存在,保存了某人或某一群体的太极拳学精华,即使年代久远,只要拳谱尚存,仍有恢复的可能。太极拳发源于中国,属于全世界,是人类文明的产物之一,必然受到众多人的关注。太极拳拳谱是太极拳工作者在其活动中形成的,记录了拳术活动者的轨迹,是其太极拳武学思想的重要支撑材料。在一定程度上,太极拳拳谱的演变史就是太极拳的演变史。因此,太极拳拳谱是后人研究太极拳历史的重要佐证。太极拳不断发展,拳谱也不断更新,特别是改革开放以来,太极拳迎来大发展,在世界各个角落绽放光彩。不断完善的拳谱记载着拳师研究拳术的精髓,充分展现了拳师们的太极拳观念。然而,当今武学界存在两个制约其发展的问题:一是一些人文化知识丰富但技术欠缺甚至未接触过技术动作;二是一些人技术较好但文化知识极度匮乏。文武兼备且均达到较高水平的人极少。马虹文字功底深厚,理论知识丰富,具有丰富的实战经验和教学实践,以所学所悟形成了关于武学的核心见解。马虹在传承的基础上，以丰富的理论知识指导实践，改造武术这一客观存在，再通过实践升华理论。

1979 年马虹开始传拳，特别是 1987 年退休后，他全身心投入太极拳的教学、传播与研究中。他精通拳理，套路正宗，深受海内外弟子敬仰。他讲课教拳数十年，不辞辛劳，耐心细致，循循善诱，教学有方。他以石家庄市为中心，以长安公园为据点进行教学，多年努力下，成果显著。目前在石家庄市已有陈式太极拳辅导站 19 个，全市各公园及开阔地带都有人练拳。陈式太极拳在石家庄市生根发芽，蓬勃发展。多年来，马虹先后应邀在江西、广东、广西、山东、北京等 26 个省(区、市)的 121 个地区以及香港举办教练员培训班、传人讲习班 158 期。他还应邀在部队中传授太极拳，并曾先后赴美国、马来西亚、意大利、加拿大、新西兰、韩国等国家讲学、传拳，接收来自 22 个国家来华学拳的大批国外学员，直接传授拳术的国内外学员共 16000 多人。

马虹拳艺高超，品德高尚，备受赞誉。他每次教拳都会将一招一式详细拆解讲解，毫无保留地传授给学生，且不计报酬。他以高尚的品德、精湛的拳技、诲人不倦的精神，感染着每一位学生。他不仅教学生练拳，更注重教学生做人。教拳、交心、交朋友，练拳、练体、练人格，是他多年来遵循的原则。他总是把学生当作自己的亲人朋友，将传播拳术视为应尽的义务。马虹对太极拳的传承做到了"生命不息，奋斗不止"。他回忆道："1979—2009 年，正式办班传授太极拳 30 年以来，我一年四季几乎没有休息过。"长期的教学为他提供了宝贵经验。这一时期促使马虹的武学思想逐渐成熟。

1985 年后，马虹开始形成自己对太极拳的理解，并写成文章供拳友交流，如《陈式太极拳的健身性、技击性和艺术性》，还著有《陈氏太极拳函授通讯》《陈式太极拳技击法》《陈式太极拳劲道释秘——拆拳讲劲》《陈式太极拳体用图解》《陈式太极拳拳理阐微》《陈式太极拳拳照图谱》《陈式太极拳拳谱·拳法·拳理》等，以文字形式记录了他武学思想的演变。他具备扎实的理论功底，习得上乘太极技法，在长期的太极教学和研究中，逐步凝练成文成书，这是其武学思想的承载，为后世留下了宝贵财富。

4.2　马虹武学思想形成阶段

马虹武学思想主要体现在他的技术体系、著作中，主要经历了萌芽、发展、成熟三个阶段。

4.2.1　马虹武学思想萌芽阶段

马虹武学思想的萌芽阶段为20世纪90年代以前。在这一阶段，马虹主要是接纳他人思想，主要表现为忠实继承。中华武学与中国传统文化紧密相连，"忠实"是中国传统文化的重要优良品质。马虹常年学习，具有较高的文化素养，对中国传统文化把握精准；同时，其行为思想深受传统文化的影响。因此，马虹认为对于武学的传承需要"忠实"。在这一时期，马虹的著作、教学主要聚焦于太极拳的技术体系，整理其师陈照奎教拳的言行。

"规矩"是忠实继承的重要表现形式，是马虹研习太极拳的重要手段。马虹认为，教拳始于规矩，传授太极拳的首要任务是让学生掌握此拳的各种规矩。例如，马虹从形而下的操作层面明确规矩，将武学技术体系纳入规矩之中，从头部、颈部、肩部至脚部、膝盖等周身都设定规矩，比如两脚应如何站位、如何出脚。"文武兼备"影响了马虹一生，是他忠实继承的重要内容。其一，马虹本就是文人出身，对文字有着特殊的敏感度。其二，马虹是在身体遭受严重损害的情况下发奋学习太极拳，最终使身体恢复健康的，可以说太极拳挽救了他的生命。因此，太极拳对他而言有着特殊的情感。马虹在不断研习太极拳的过程中，感知到文、武之间的紧密联系，认为二者具有相互促进的作用。在马虹武学思想萌芽阶段，"文武兼修"的修炼观初步形成。中国是一个重视品德的国家，在武学方面也是如此。"德为术先""未曾习拳先修德"等都表明了武德在武学中的受重视程度。这一时期，马虹秉持优良德行，重视武德。他认为打拳不只是练武，更是通过练武抒发自己宽广的胸怀，培养高洁的情操，打拳要体现"人不犯我，我不犯人"的谦让为怀的美德。

马虹武学思想的萌芽阶段主要是对传统的忠实继承，这在他发表的文章中体现得十分清晰，如对太极拳周身规矩、裆走下弧等的具象解读以及对武德的继承。这为马虹武学思想逐渐成熟奠定了坚实基础。

4.2.2　马虹武学思想发展阶段

马虹武学思想的快速发展阶段是 20 世纪 90 年代。马虹于 1987 年退休，开始了新的生活。此后，马虹开启了他人生的第二份"工作"。退休后，马虹将全部精力投入练拳、教拳和领悟拳理中，加速了其武学思想的发展。马虹经过近十年的磨炼，在武学上有了质的提升。在此之前，马虹对于武学的见解主要是"忠实继承"陈照奎传授的技术体系。在此之后，马虹在原有基础上，逐步探索太极拳更深层次的内容，比如拳理、武德等。在这一阶段，马虹前半期侧重于对形而下的"术"的追求，后半期则侧重于对形而上的"道"的反思。

4.2.3　马虹武学思想成熟阶段

进入 21 世纪后，经过前期的积累，马虹武学思想逐渐成熟。从最初对技术体系等的"忠实继承"逐渐转变为以问道为宗旨，提出"顺乎自然，积极进取"；将最初相对粗放的思想进一步细化，如将"忠实继承"细化为"保持传统又博采众长"、将传统武德观进一步凝练为"三不伤"之德行观。

武学名家的成长需要多方合力，主要涉及三个方面的机缘：一是有名师答疑解惑，二是自身条件优越且勤奋努力，三是有适宜的社会环境。经过数十载的实践，且不断提炼精华，最终形成了成熟的马虹武学思想体系。成熟的马虹武学思想，既有形而下的技术体系，又有对形而上的"道"的追求，从而构建了"上有高度，下有支撑"的武学体系。

4.3　马虹武学思想内涵

马虹武学思想是他在武学研习中形成的，历经数十载的锤炼，具有丰富的内涵。

4.3.1　拳与道合

太极拳承袭太极之理，有"拳虽小技，皆本太极正理"之说。拳师们在学拳的"小道"中探寻太极的"大道"，正如陈鑫所言："拳为小道，而太极大道存焉。"太极拳一脉，都以追求"道"为最高目标，虽然表述各异，但都在"道"的范畴之内，即通过修炼拳术体悟自然规律。马虹也不例外，在他眼中，太极拳就是道，练习太极拳的过程就是悟道的过程。他秉持"顺乎自然，积极进取"的原则，主张太极拳的研习应当顺应事物的发展规律并加以积极改造。这是一种"顺应人体和社会发展规律，利用自身条件积极习练拳术，以达悟道宗旨"的修习之路。

马虹所认为的"道"，主要体现在"阴""阳"二字上，以"阴阳和谐"为追求。马虹追求的"阴阳和谐"是太极拳所遵循的原则。马虹认为，练太极拳是为了让修炼者达到身体平衡，包括心态和谐、体态和谐、身心和谐、人与社会和谐、人与自然和谐等，从而逐渐悟道。这种求"道"思想主要体现在马虹的太极拳拳架、推手及其他功力性训练等方面。在太极拳练习中，马虹常常纠正学拳者，在每一式动作开始前要先向前进方向的相反方向运动，而后再朝着前进路线运行，马虹着重强调"预左先右、预上先下、预进先退、预外先里"，这种对称式的运行思维是"阴阳和谐"思想的一种体现。另外，太极拳以人体核心为轴、四周为界，形成以人体核心为中心轴的大圆，并在此圆中形成对称的运动轨迹。"如封似闭"就是这种典型的运动轨迹：以核心为中心点，在身体中心线的两侧对称发力，形成一对和谐的力。马虹将太极拳的拳理、拳法与道相融，在他看来，这可以统称为"一阴一阳"。这种阴阳相济的哲学辩证关系，又进一步体现在上下、左右、前后、内外、先后、开合、虚实、刚柔、顺逆、快慢等十个方面。

求道是宗旨，"无为而治"是方法。马虹提出"顺乎自然"的无为而治的主张并非无所作为，而是充分认识自然规律，在认识客观的基础上遵循自然规律，做到有所为、有所不为，抓住事物本质，使事物得到准确的引导。人体发展有其自身规律，任何追求技击的运动，都在不断探索以下两点：一是身体动作正确，即符合人体支撑结构；二是发力正确，遵循由里到外、由下到上的发力顺序，从而达到内在劲力传导正确、动作流畅、发力时集中成点、承力时周身无阻的状态。马虹在研习太极拳过程中，追求尊重人体自然规律的发力方式。比如在"单鞭"一势的动作四中强调，以右脚跟为轴心，脚尖里勾；右手勾折腕，指尖向外下，五指捏拢，掌心向右后；左手掌心朝上置于腹部略前，左肩略外旋。"以右脚跟为轴心"是以人体骨骼的排列为依据，以右脚跟为轴，形成下肢稳定且以脚跟为轴的足部骨骼支撑；"脚尖里勾"是为了使骨骼力量往身体上方传导，增加大腿外侧肌张力；"指尖向外下"是为了使腕关节、肘关节和肩关节三处关节承力结构正确，防止破坏腕、肘、肩关节的稳定。马虹在不断学习中，掌握了一定的关于头、颈、肩、躯干、四肢等人体生理规律，并以"周身规矩"引导，在练拳过程中不违背人体自然规律，确保周身符合科学的承力体系。但单纯"尊重自然"，任由其"自然"发展，而无个人努力成分，将大大降低成长、成才的可能性。因此，马虹在太极拳的传播中，既追求"顺乎自然"，同时又倡导"积极进取"。他认为，在顺应自然规律的前提下，应进行主动的人为干预，增强拳术精进的可能性。马虹"积极进取"的武道观具体表现在两个方面：一是积极练习技术体系。在尊重人体发展规律的前提下，通过不断主动、积极地训练，达到动作的自动化(动作形成的四个阶段分别为泛化、分化、巩固、自动化，层层推进)，形成强有力的肢体控制能力。二是积极提升对拳理、拳法的理解。在尊重自然发展规律的前提下，积极学习拳理、拳法，通过理论提升来促进拳术的精进，又通过拳术提升来促进对理论的理解，即所谓"技进于道"，最终达到"道"的理想状态。马虹以武学修炼为过程，将太极拳的"道"视为毕生所求。

4.3.2　武德观

武德是中华民族传统美德之一。武德之说，最早见于我国春秋时期左丘明所著《左传·宣公十二年》："夫武，禁暴、戢兵、保大、定功、安民、和众、丰财者也。"在拳术传承中，武德尤为重要。古贤有云："未曾习武先修德。"自古以来，武人传授技艺时看重德行，若德行不佳，即使自身习武条件再好，武学名家一般也不会收其为徒。从传承角度而言，武德的高低直接关系着拳种的流传。倘若弟子德行不佳，传授其真功夫，往小了说可能危害本门派，往大了说可能危害社会。武术的本质是技击，技击是以暴制暴，使对方失去进攻性和伤害性。若弟子武德不佳，拳术练成之后用这种技击术对付师门或者指向正义的社会，无法加以限制，则可能酿成悲剧。因此，武德在武术传承中位居首位。

马虹深受中国传统文化的熏陶，重视文化道德修养，忠诚于太极拳的习练，继承传统太极拳"仁"之武德观。他将"德"视为做人的根本。如果做人的根本出现问题，就不存在所谓"道"的追求，做人的首要条件就是讲道德，坚持以德为先，以义为重。太极拳具有显著的技击特征，可救人、自保，亦可伤人，善恶全凭使用者。马虹将武德置于首位，提出了"习武先修德，德成艺乃立"的观点。对于武术界那些"着眼于武术技击功能或以表演、散打、推手比赛名次为追求的唯一目标或学技击就盛气凌人、逞能斗狠、狂言狂手之人"，马虹称为

"趄趄武夫"。为了杜绝"趄趄武夫"之风在本门滋长，马虹制定了具体的武德行为标准。

"坚持尊师敬业之美德；培养谦敬品质；调适自身心态，永葆乐观进取之心，以达淡泊名利、无私奉献之境；坚守仁义精神之法，以此为武学可持续传播奠定良好的基础"是马虹所倡导的武德修炼观。高壮飞、若水在《千思百问太极拳》一书中，就练拳与推手中"量"与"度"的问题，提出"不伤自己，不伤别人，不伤和气"的"三不伤"理论。马虹深受"三不伤"理论的影响。他在传统"仁"德的基础上，将太极拳传承与"三不伤"理论相结合，形成了"不伤自己，不伤对方，不伤友谊"的"三不伤"武德观，主张"人不犯我，我不犯人""舍己从人""力争化解"。马虹"三不伤"武德观的具体表现如下：其一，不伤自己，当被迫与人交手时，产生自我保护机制，"以化为主，化打结合，保护自身不受伤害"；其二，不伤对方，当我方进攻时，以迫使对方失去平衡、感到失势为上策，不主张置对手于死地；其三，不伤友谊，练武之人与人交手应具有"彼不动，我不动"的君子风度，事事力争和谐，以和为贵，以容为上，以化为主，达"止戈为武"之练武目的，求得和平。

4.3.3　传承观

马虹深受中华传统文化的影响，其武学思想处处体现了对传统的尊重与忠诚。在太极拳的传承中，他倡导"忠于规矩"，秉承"保持传统又博采众长"的武学传承观。他曾在《陈式太极拳一代宗师陈照奎的光辉业绩永垂不朽——2001年4月5日在陈家沟为恩师陈照奎立碑仪式上的祭文》中写道："我们一定尊重传统，忠于传统，专一持恒地、原原本本地、老老实实地继承和弘扬您传给我们的这套陈式老架、大架、低架太极拳……保证原汁原味地代代相传，以维护陈式传统太极拳的本来面目。"这是马虹对于太极拳的本真想法，也是他长期传承太极拳的信条。他的"保持传统又博采众长"武学传承观具体表现在规矩和融合上。

第一，遵守规矩。拳架是武学的承载体，是先辈实战经验的总结，不可随意更改。规矩指引着拳架的习练，以获取上乘的造型。因此，马虹一生只教授其师陈照奎所传授的陈式老架一路和二路(又名炮捶)。在拳架的传承上，充分展现了马虹对太极拳规矩的重视程度。他认为每一个动作都必须按照要求，稍有偏差就错了。马虹从整体到局部、从大到小对太极拳"周身"用规矩加以约束。比如步型多系"丁不丁、八不八"的斜行步法，即当左脚站成外开型时，右脚里扣(除少数标准的马步)，形成两脚斜向平行步，且两脚不能在一条竖线上。而推手作为太极拳套路与散手技击的重要衔接部分，对于太极拳意义重大。因此马虹平时会钻研太极推手，并在其创办的太极拳学校、辅导站等地悉心教导弟子，将最原始的推手技法传授给弟子。在"马虹杯"陈式太极拳联谊赛(以陈式太极拳马虹支系内部比赛为主)上，能看到其徒子徒孙在太极推手场上的风采。此外，在门派之外的赛场上，马虹门下的徒子徒孙多次获得中国大学生太极推手锦标赛等各类赛事的冠军。在功法练习上，马虹也尊重传统，比如白蜡杆、站桩、石锁、太极拳等练习都遵照陈照奎的传授。

第二，多元融合。马虹认为，对于武学的传承，既要保持传统又要超越传统，既要保有传统武术"忠实继承"的优秀思想，又要汲取众家之长，"任何功夫都要博采众家之长，不要固守门户之见"。马虹依托现代科学知识，充分理解人体生理内涵，掌握人体发展规律，根据人体骨骼、体格等差异，进一步完善规矩，在技术体系中使用了许多"约""大概""左右"等词。他将太极拳招式中每一个动作的开合幅度、角度大小等都以数值量化。如"上步七星"一势中第一个动作："身体左转约15°，先略沉，再螺旋上升，重心由右后移至左脚。左脚先顺缠，后外转，以脚跟为轴外转约90°着地……臂半圆略向里折腕，拳心向里偏下，位在鼻尖前约25 cm处。"在其太极拳体系中，并没有以明确的角度或点(因为人体具有差异性)作为太极拳练习的标准，而是在一定范围内加以规矩，使得传统规矩得以传承，并在传承中有所优化。在收徒方面，马虹更是有教无类，突破了传统师徒传授的途径，使传承更加多元化，传承路径更加宽广，有利于太极拳的当代传播。在门派认知上，马虹摒弃原有的门户之别，鼓励门派之间进行无差别的交流，既要保持本门派的独特风格和自身优点，又要摒弃自身缺点，吸纳他派长处，从而使拳术内涵更加丰富。

马虹"保持传统又博采众长"的武学传承观，可以精练概括为"明规矩、守规矩、化规矩"。

4.3.4　修炼观

太极拳是一套文化拳，是中华优秀传统文化的载体之一，技击特征显著且文化内涵丰富，要想完整、全面地解读太极拳，需要渊博的文化知识作为基础。马虹是一位文化底蕴深厚的武学名家。他提倡"文武兼修"的武学修炼观，还主张"知行合一"。马虹在继承已有的"理技并进"的太极拳武学思想基础上，凝练出"文武兼修"主张，融合了文与武，将太极拳"文武兼修"推向了新的高度。

太极拳修炼者自古主张"文武兼修"。在太极拳的研习过程中，应"文武"兼修，不可有所偏废。从陈家沟到广府，再到海外，太极拳已在世界范围内蓬勃发展，涌现出一批又一批太极拳名家。然而，大部分太极拳名家虽在技术上臻于炉火纯青之境，但在理论方面有所欠缺，难以称得上"文武兼修"。太极拳家理论水平不高是当今武术界的普遍现象，这导致在拳法理解上存在偏颇（或不够深刻），在一定程度上制约了拳术的发展。马虹敏锐地洞察到这一弊端，提倡"有文事者，必有武备；有武事者，必有文备"，主张在武学修习中"文武兼修"，既要学习技法，又不能仅仅成为"赳赳武夫"。马虹所指的"文"即文化素养，属于武术形而上的部分；"武"则为技法，是形而下的攻防部分。在马虹的观念中，"文""武"二者是"理明功进，功进理更明"的关系，二者既相互独立，又相互作用，犹如机械上的齿轮，各自独立却又相互嵌合，从而构成一个完整的整体。

马虹"文武兼修"的武学修炼观主要表现在两个方面。首先是武学之"术"。马虹的武术精湛，主要体现在拳架上。马虹的拳架气势磅礴，张力十足，神气鼓荡，浑圆一体，达到了圆融精妙的境界。陈立清称马虹的拳最像其师陈照奎。其次是文化修为，即文化基本涵养与太极拳著述。马虹先后受段西侠、艾青、光未然等名师的培养，加之长期的文学实践，有着扎实的文学功底，为理解及精确阐述太极拳奠定了理论基础。太极拳理论丰富，以传统哲学"易理"为理论指导，以《拳经》为武术依据，以道家养生术为内功指导，对太极拳习练者的文化素养要求颇高。马虹曾受名师点拨，具有良好的文化素养，这有助于他对太极拳的理解并精确表达自身的观点。马虹终生练习太极拳，重视拳理钻研，将练拳体悟、教拳感悟、前辈理论等整合为书，著有《陈式太极拳体用图解》《陈式太极拳技击法》《陈式太极拳拳理阐微》《陈式太极拳拳谱·拳法·拳理》等。在其著述中，将拳理视作练拳的指路明灯。他认为，钻研武学，不仅要在实践中用功，更要在基本理论上下功夫。"文武兼修"是武学的必然选择：若武为实践，文为理论，则武为文提供精练素材，文为实践提供指导，最终便能"文成武就"。

4.3.5　功用观

太极拳本质为格斗(技击),随着社会的发展,太极拳的内涵不断演变,形成了"以技为本,多元发散"的格局。在此背景下,马虹提出了"坚持太极拳技击本源,兼具养生与艺术功能"的太极拳功用观。

技击本源观。马虹在不同场合多次强调,太极拳内涵极为丰富,其精髓在于阴阳相济的技击功能。马虹认为,技击是太极拳的灵魂,若抽去太极拳的技击内涵,便失去了其本真;实战技法是检验是否为太极拳传人的最重要标准,套路中的拳式源自实战经验的提炼,故而只有掌握其技击内涵,功夫才能更为精进。用法乃太极拳的技击精髓,马虹通过拆拳,详尽阐述每招每式的技击用法内涵,将每个动作内在劲力的运动路径及劲力点的变化等都交代得清晰明了,如"六封四闭"一势:上、下、左、右、前、后都封住为六封,东、西、南、北四方封闭,使敌无隙可乘。他又对每一式的招法进行细分,将"六封四闭"分为六个动作,使用法更为具体。动作一,使对方按劲落空,从而使我方有机会乘势攻击;动作二,截断敌之劲,反向拿住对方的左手或腕,既是一次阻断,也是一次进攻,为我方的下一个动作做好铺垫;动作三,左手顺缠,右手逆缠,由胸下位置开始向前上方对方之咽喉处通过上掤的方式发力,将对方击倒;动作四,将对方将出,减小自身的反作用力,以实现自我保护;动作五,是将和掤的融合之力;动作六,对方后退,我方跟步,双手向对方追加劲力,使我方发出的劲力与对方后退的劲力相契合,此乃太极"四两拨千斤"。技击法修炼应当有本可依,"宗源"正是这样的范本,应以"宗源"为范本进行习练。在研习过程中,以意念力为导向,遵循太极原理,恪守拳架,不可肆意篡改拳架,以保持拳架的原有风貌;同时辅以功力训练(包括技击基本功和搏击技巧),进行强化,使习练者的技击能力得以提升。

健身养生观。马虹秉承近代太极拳的健身养生思想,尤其是陈鑫提出的养生观念。在继承传统健身养生观的基础上,逐渐形成了马虹武学思想。当代太极拳选择了向有益于人体健康的方向转变,强身健体、修身养性成为当代太极拳的时代价值之一。马虹武学思想中的健身养生思想主要体现在拳架、运动方式等四个方面:第一,坚持拳走低架,促使骨骼肌肉形成更大张力,促进骨骼密度、肌肉厚度、力量等增大,有助于腿部肌肉的丰满和血管的充盈,从而改善人体的运动支撑系统;第二,坚持立体螺旋运动,通过旋转的运动方式引发人体激素应激，调节人体内分泌系统，增强神经肌肉控制能力、筋膜释放能力等；第三，以丹田为核心的盆骨运动，其优势在于增强核心功能，并且以丹田为核心形成人体的大周天、小周天，使其顺畅运行，从而改善人体的呼吸系统、消化系统、生殖系统和性功能等；第四，符合有氧代谢运动的要求，保持整套拳氧气的动态平衡。太极拳具有极佳的健身效果，已得到世界运动学、医学等领域众多专家的认可，在当今物质与精神需求不断增长的社会，成为提升身体功能的极佳锻炼方式之一。

艺术表现观。太极拳出色的艺术表现是马虹武学思想中"美"的体现，主要表现在对称美、节奏美、开合美、螺旋美、轻沉美和意境美上。套路和书法展现了马虹的"美"之艺术。"圆融"的套路是马虹最为鲜明的艺术特色。马虹遵循"非圆即弧"，行拳时周身圆润，气势饱满，张力十足，神气鼓荡，浑圆一体，达到了圆融精妙的境界。太极拳追求一切皆圆，只有"触处成圆，处处成圆"，方能达到"圆融精妙之佳境"。在习练太极拳时，马虹提出两点注意事项：第一，造型态势需掤圆，避免棱角，保持圆满；在运动中，劲力的运行路径要圆满，不可抽扯，要运转螺旋，在每个动作的定式中，周身要掤圆。如"单鞭"一式，定式时，双臂展开七八分，形成半圆，大小臂外撑，虎口相合，背后撑；裆部撑圆，大小腿间既不可伸直也不可跪膝，形成一个弧形劲；做到支撑八面。第二，行功劲路基本为 S 形的弧形路线，周身大圆带动小圆，无缝隙衔接。比如"掩手肱捶"一式，包含圆线轨迹、弧线运动、逆缠、顺缠，从圆中的行拳路线可直观反映出马虹的圆融艺术观。

意境是以宇宙人生为具体对象，欣赏其色相、秩序、节奏、和谐，借此窥探自我最深层心灵的反应。书法将实境转化为虚境，创造形象作为象征，是人类心灵的具体化、肉身化。汉代哲学家、文学家、思想家扬雄在其《法言·问神》中提出："书，心画也。"明代书法理论家项穆在其《书法雅言》中说道："书为心相。"可见，书法实则是人的内心的真实写照。马虹喜爱书法，他的书法圆润、劲力流畅、笔锋空灵（见图4-1）。其独特的书法创作离不开太极拳学的影响，他的书法是内心世界的一种外在展现。其书法刚劲圆润，处处体现拳法，于"规矩"中获得绝佳的"自由"，在"自由"中不失中正之骨，形成笔锋刚正而不失圆润的书法特点。这也是马虹武学思想重要的艺术表现。

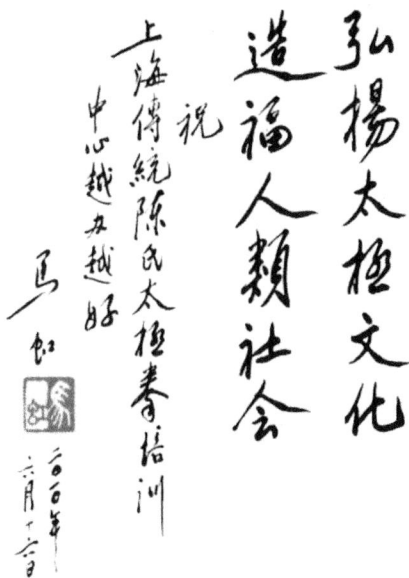

图4-1　马虹书法

4.4　马虹武学思想特点

　　马虹武学源自民间武学名师陈照奎，他是一位典型的民间武术家。所谓民间武术家，是指生长于民间、掌握高超传统武术技艺并取得一定成就之人。马虹追随陈照奎长达 9 年，尽获其真传。此后的 20 多年，他继承师业，致力于研习和传播拳学。至今，其传人已遍布海内外，诸如张广泰、杨合发等(参考"附录三")。在武学的研习道路上，马虹属于"业余"选手，其技术体系和思想体系与一般专业拳手存在显著差异。马虹的武学思想既带有传统的印记，又独具特色。"完整性"是马虹武学思想的显著特点之一，他完整地继承了技术、拳理等，并完整地予以传授，确保武学不偏重某一方面而遗漏重要内容。他既主张传统又突破传统，且传授太极拳并非其营生手段，致使马虹的武学思想呈现出"非保守性"的特征。

4.4.1　完整性

完整意为具备或保持应有的部分，毫无损坏或残缺。马虹自幼深受中国传统文化的熏陶，深受传统"尊师重教"思想的影响。他所理解的尊师重教内涵之一，便是尊重师长所教授的内容，完整地继承，以保证其原汁原味。马虹武学的完整性特点主要涵盖以下方面：其一，技术体系传承的完整性；其二，拳理传承的完整性；其三，武德传承的完整性。

技术体系的传承理应且必须完整。马虹认为，尊重传统、忠实于传统以及专一持恒是传承太极拳的前提。陈照奎向马虹教授时倾囊相授，为其讲拳、拆拳，教授推手，引导进行各种功法的练习（例如百把气功桩、太极大杆、太极尺等陈式太极拳的基本功），使马虹掌握了完整且原汁原味的正宗陈式太极拳。马虹将这一优秀思想融入自己的教拳过程中。他每次教拳都会将一招一式详细剖析，从不保留所谓的"绝招"。为了更好地传承和发展太极拳，马虹著书立说，将拳术撰写得极为详尽，涵盖套路讲解、拆拳、讲劲、功法练习、推手技击等内容。尤其是他的《陈式太极拳体用图解》一书，每一页下部为拳照，上部是招式说明，方便习拳者对照学习；每一势又分为1~7个动作（有的更为细致），并补充了全部动作的照片（太极拳练习照片近千张）；文字简洁明了，太极拳练习照片飘逸洒脱，图文并茂，为习拳者接触更为完整的太极拳创造了条件。

技术理论的辅助是技术体系完整传承的保障，如果缺乏较高水平的技术理论，那么对技术体系的理解将是不完整的，正所谓"理论源于实践，理论又指导实践"。马虹对太极拳的理解不仅限于技术体系，在理论层面的认识更为深刻。"清能早达"是马虹领悟太极拳真谛的体现。在跟随陈照奎学拳的9年里，他记录并整理了大量的学拳笔记，留存了来之不易的原始珍贵资料。马虹积累了30余万字学习太极拳的笔记，这为他探究拳理提供了支持。为丰富自身拳理知识，马虹学习了生理学、心理学、人体力学、运动生理学、中医学、哲学等知识，这为他的著书立说打下了扎实根基。马虹对陈鑫的《陈氏太极拳图说》、沈家桢和顾留馨的《陈式太极拳》等进行了完整继承。马虹在传习太极拳时，不忘教授弟子拳理，嘱咐弟子夯实理论基础，深入领会太极精髓。

4.4.2 开放性

马虹常说，教拳，交心，交朋友。教授太极拳是他一生中的重要事务，他期望将太极拳推广至全世界，让更多的人了解太极拳，让更多的人因太极拳而受益。因此，在与他人的交流中，马虹主张以心换心，以平等的姿态交流太极拳。从马虹的教拳信条中，可以感受到他对太极拳的热爱以及真诚、平易近人的性格特点。这种人生态度，造就了马虹武学思想包容开放的特质。

或许许多人会产生疑问：马虹受益于传统并形成了"忠诚继承，热忱传播"的精神，为何其武学思想会呈现出包容开放的特质？在武学传承的内容上，马虹秉持"保持传统"的武学思想——"保持传统"是为了学到"地道"的拳术。显而易见，马虹提出的"保持传统"，是对历史的尊重，是对历史长河中数代人实践结晶的尊重、认可与接受。古语有云："心存敬畏之心，方能行有所止。"这也是马虹反对某些所谓"武术家"随意篡改太极拳技法的缘由所在。正因为马虹对先辈的尊敬，所以他更能敏锐地洞察先辈们的意愿。将中华武术发扬光大，是每一位武术界有识之士的心愿。随着冷兵器时代的终结，传统武技的生存环境发生了巨大变化，"门户之见""传男不传女"等传统武学传承观念已成为武术发展的阻碍。马虹希望将太极拳推向更高的层次。在传统技艺的传承中，马虹寻求新的出路，走出了一条包容开放的武学之路。

融合已成为时代的主旋律，太极拳也不例外。在冷兵器时代，科技不够发达，信息交流较少，消息相对闭塞，存在较大的信息差。因此，在那个时代，社会对某一拳派的技术分析较少，甚至从未见过，从而能够产生出人意料的效果。当今世界已进入由科技主导的时代，只要习练者使用某一拳术，这一拳术的优缺点便会被高科技所分析，得出较为全面的优缺点分析结果。因而，在高科技广泛应用的当下，拳术保密难度增大，出人意料的技击效果大打折扣。不可替代或暂时无法替代的核心内涵，是某一拳种在当今世界快速发展的重要保障。这种核心内涵的形成，需要高超的技法，且在短期内难以被复制或学习。马虹认为太极拳具备高超的技法，但在时代发展的进程中需要不断改进以保持自身的核心内涵，例如教学手段的创新、教学内容的创新等，要通过学习其他流派的优势，增强太极拳的核心竞争力，从而推动太极拳在世界范围内的发展。

传统太极拳的传承依靠血缘或类血缘的传承方式。这种传承方式对武学的传播产生了巨大作用，但也存在自身的局限性：其受众面狭窄，抗风险能力极低(如传承人突然离世)。从这一角度而言，传统的传播方式不利于武学的传承。马虹在传统传承方式的基础上，不断更新观念，与现代化教学接轨，对门人不分亲疏远近，无私传授。马虹打破传统的传授观念，在太极拳的传授中，实施有差别教学。产生差别教学的原因是弟子在太极拳学习中投入的时间不同，弟子的身体素质、接受能力存在差异。马虹教学时将拳式、技击含义、劲力三者统一，不论远近亲疏，对弟子均逐一教授。例如，先生将"金刚捣碓"一势分解为 6 个动作，深入剖析 25 个劲，并将每个动作在何种情况下使用讲解得很清晰。《陈式太极拳技击法》和《陈式太极拳劲道释秘——拆拳讲劲》凝聚了马虹的心血。在这两部著作中，马虹将拳术用法等所谓的"不传之密"一一记录，并公开发行出版，与更多拳术研习者交流。这与传统的武学传承观念有所不同，充分彰显了马虹武学思想的开放性特征。

4.5 马虹武学思想传播路径

马虹历经一生的武学修炼，构建起了自己的武学思想体系。其传播理念融合了传统民间传承模式与现代传播手段，开辟出了一条别具一格的武学传播道路。

4.5.1 多元人才推进之路

武术学习者的习武初衷大致可分为三类：一是无缘由地特别喜爱；二是受家传渊源影响(或由周边亲近之人习武带动)；三是自身体弱多病，通过练拳养病、治病。马虹学习太极拳的初衷在于解决长期积劳积贫所致的健康问题。在某种程度上，可以说太极拳对马虹有救命之效用。再者，马虹开始学拳时已至中年，对社会已有一定认知，形成了相对稳固的个人价值观。这对其武学思想产生了深远影响，在其武学思想中表现得很明显。此外，陈照奎对其的影响也极为重要。陈照奎突破传统礼教的束缚，打破授拳旧规，毫无保留地将拳术传授给马虹，为马虹传承和弘扬太极拳奠定了基础。

马虹武学思想形成的三个重要影响因素，深刻地左右着他培养太极拳人才的方式与方法，为太极拳的传播筑牢了根基。他主要从三个层面严格培育太极拳人才。其一，收授弟子的标准。马虹招收的弟子众多，对所有人一视同仁，打破了传统的只传数人的小范围收徒模式。其弟子年龄跨度大，既有年轻者，也有年长者。其弟子所从事的职业各异，涵盖教师、公务员、银行工作者、体力劳动者等。不分职业高低贵贱，他都一心传拳。在地域方面，不设地域限制，只要有缘，他便悉心传授。对于弟子的学拳经历，他没有苛刻要求，反倒常言"博采众长"。其二，主张有教无类。在武术家的观念中，通常对弟子与学生有着不同的情感归属，弟子相对更为"正规"，而一般的教习对象也可称为学生。马虹教授太极拳时，只要是对太极拳感兴趣者，均可跟随他学习，聆听他的课程，毫无附加条件。其三，严格培养代表其传播太极拳的人员，所有人员必须经过他的精心培育且被认定合格后，方可代表他传拳。对于拳术传承，马虹秉持"保持传统"的观点，具体方式在于坚守"规矩"。此"规矩"是指传统，是先辈遗留的练拳之法和标准。马虹构建起了以太极拳为主线，多地域、多行业人才共同传承与传播的有利格局。

4.5.2　点线合力推进之路

马虹练拳注重科学。科学地研习拳术，使 40 多岁开始学拳且身心状态不佳的他成为太极拳大师。陈照奎传授给他的"拳术规矩"，是使他在不利条件下超越他人，成为当代太极拳大师的关键，而其中不容忽视的一点是马虹深知"科学"的重要性。马虹之拳术科学源自陈照奎的"规矩"、生理学及哲学等。在陈照奎的精心教导和自身的不懈努力下，马虹拥有了"上乘拳术"，此为一个"点"。马虹认为既需要尊重传统，又需要博采众长，不拘泥于一门一派或一人。他常与他人深入交流，不仅与本门派之人交流，还与其他拳术学习者探讨，探寻拳术学习的"命门"，此亦为一个"点"。马虹以自身为一个"点"，以与他人的每次拳术交流为一个"点"，而后将这些单独的"点"串联起来，从而形成了以马虹为核心且相互交叉的拳术内涵发展线。在传播路径的抉择上，他以石家庄为起点，向外逐个城市扩散，最终形成了遍布海内外的传播路线，为太极拳的传承与发展作出了卓越贡献。

4.5.3　文武融合推进之路

数十载的武学钻研造就了内涵丰富的马虹武学思想，承载着"忠诚继承，热忱传播"的马虹精神。他是太极拳习练者的典范，必将激励一代又一代武学传承者。在数十年的研习过程中，马虹不仅练就了上乘的拳术，还构建了精深的理论体系，成为名副其实的文武兼修的太极大师。在太极拳的传播中，马虹选择了文武融合的推进之路。首先，马虹每日练习太极拳，研究拳术体系的演变，致力于提升自己的拳术体系，获取更为"上乘"的技法，赢得了众多太极拳名师的一致认可。其次，对传承人的拳术体系提出完整性要求，强调尊重"老祖宗留下的规矩"，保持"拳术的原汁原味"：一是对于套路主张必须从慢学起，在慢中体悟太极拳劲力的传送流畅性（若不流畅，则探究是否骨骼排列不当等）；二是从细学习，将每一势都讲解透彻，包括每一势的用法等，了解其"原味"；三是主张拳术体系完整，既要学习套路，也要学习功法、太极推手和太极散手，形成既有表现能力又有技击能力的太极拳体系；四是开展个性化学习，依据每个人的身体条件、性格喜好等，探索适合个体的个性化教学方式，助力其习练效率的提高。最后，进行理论体系的构建。在太极拳的传承中，既要明晰"这个技术怎么用"，又要清楚如何练习。这需要掌握丰富的运动生理学、运动动力学等相关知识。在教授太极拳的过程中需要明白：拳术从何而来？如何发展？未来走向何处？这些问题的答案存在于社会发展之中，既要了解历史，又要立足当下，还要展望未来，需要社会学、文化学、哲学等专业知识的指引。如果一个太极拳习练者仅拥有出色的拳术，而理论方面薄弱，这是存在缺陷的；倘若拥有较高的理论水平，但拳术一般，也会限制太极拳的传播。唯有拳术与理论相融合，并达到一定高度，方能成为"文武兼修"的太极拳传承者。

4.6　马虹武学思想历史贡献

马虹武学思想作为当代太极拳武学思想的代表性理论，具有重大的理论指导和实践意义，主要体现在以下方面。

4.6.1　有利于传统武学传播

在武学内容的传承上，马虹主张摒弃门户之见，广泛汲取百家之长为己所用，推动各门派间的武学交流，促进中华武学的持续传播。一方面，吸收本派的精华部分，确保本派系不致失传；另一方面，消除门派差异，将各拳种的优秀元素融入拳法之中，使拳法更为精湛。在传授方式上，马虹将其师所传（被传统拳师视为不传之术或只传接班人的内容)进行精心整理并形成文字予以传授,有利于武学的完整传播。华夏武学独特的传承方式主要是依赖血缘或类血缘的师徒传授,素有"传内不传外,传男不传女"的说法。这种传承方式的优势在于授予人数少,传者与受者长时间进行教与学,受者更易掌握拳种的精髓;但缺点是对受众的筛选极为严格,难以扩大传承范围。这种传承方式必然导致传承人数稀少,使得抵御风险的能力降低。倘若遭遇变故(如传承人突然离世),则极易导致某一流派、某一技能的消失。这种传承方式极大地限制了武学的传播。马虹既传承了传统教授方式,又与现代化教学接轨,竭尽全力教授自身所学,毫无保留。他不仅教导入室弟子,还开办培训班、创建太极拳学校,为其他流派的太极拳习练者提供学习交流的契机。

4.6.2　有利于丰富太极拳理论

技术和理论相互依存、相互促进。陈发科、陈照奎等均为太极拳一代宗师,他们一生研习太极拳,实践经验丰富,但由于文化素养有限,较少以文字记录和总结经验。随着时间的推移,口口相传的技术易逝,如果形诸文字,则能够长久保存,不易流失。用文字精准地记录习拳时的所思、所悟及动作要领,可供后人研习。马虹文化底蕴深厚,以精准的文字记载了陈照奎关于太极拳的见解,为他后续研习太极拳提供了参照。马虹凭借出色的文字功底,能够以文字形式准确记录自己研习太极拳的心得,在继承的基础上形成了自成体系的太极拳理论。马虹留下了大量有关太极拳的珍贵资料,为后来者学习太极拳的拳理、拳法提供了宝贵的资源。

4.6.3　有利于满足社会文化需求

在当今社会,对文化的需求愈发多元,博大精深的中华文化是中华民族强大的精神支柱。太极拳作为中华民族智慧的结晶,融合了吐纳、导引、阴阳学说等传统养生观念以及儒释道文化,是中国传统文化的重要载体。马虹是太极拳的代表性人物,以太极拳为媒介向全球传播中国传统养生观、阴阳学说等中华传统文化,因而对其武学思想进行梳理,有助于丰富中国传统文化,满足当今社会多元化的文化需求。

第 5 章

太极拳在当代社会中的应用

太极拳受到的关注日益增加。诸多证据表明，太极拳堪称人类历史上的一项伟大发明，有力地推动了人类文明的发展。当下，太极拳已在众多领域得到应用，诸如医学、体育、学校教育等，成效显著。

5.1　太极拳在学校教育发展中的应用

太极拳所蕴含的教育功能，引发了教育领域专家的浓厚兴趣。在学校教育中，太极拳得到了广泛运用，涵盖了大、中、小学，获得了颇为可观的效益。学生时期是人成长的关键阶段，此阶段的生活方式与行为或许会影响人一生，与未来的健康及发展状况紧密相关。研究显示，太极拳对解决学校教育中存在的部分问题具有一定的效果，因而吸引了越来越多教育专家的关注。

5.1.1　太极拳助力学生身体健康

当下，学生的身体健康状况令人忧心，引发了社会各界的高度重视。伴随着竞争压力的渐增，全球学生的体育活动减少，锻炼水平有所下滑。美国学校健康评估数据表明，仅有不到 60% 的学生进行了建议的最低的每天 30 分钟中等强度体力活动。我国台湾和香港不运动学生的比例分别为 13.5%、16.8%；在我国其他地区，学生的体力活动更少，甚至有些学生可能整日都在学习书本知识。众所周知，缺乏运动会增加心血管疾病等的发病风险。众多研究显示，学生易患慢性病，已成为肥胖、代谢综合征、高血压、糖尿病等慢性病的高危人群，学生体质健康问题亟待解决。此外，学生的心理健康问题愈发突出。一项针对美国 14175 名大学生的调查表明，学生抑郁症的患病率为 17.3%，惊恐障碍的患病率为 4.1%，广泛性焦虑的患病率为 7.0%，自杀意念的患病率为 6.3%，非自杀性自伤的患病率为 15.3%。在我国某地区的一所高中，调研发现 60% 以上的学生存在心理问题。倘若忽视或处理不当，心理健康问题可能致使学生辍学、自杀以及进行其他危险行为。已有研究证实，太极拳对学生身体机能存在正向影响，主要表现在平衡、力量、灵活性、体脂、柔韧性、心肺功能等方面。

5.1.1.1　对普通学生的干预效果

当前，学生的体质状况令人担忧。在一项为期 14 周的研究中，招募 171 名小学生志愿者作为实验对象，以 8 式太极拳作为练习内容，选取区分小学生体质强弱的身高、体重、肺活量、台阶试验、坐位体前屈、立定跳远、50 米跑、50 米×8 折返跑、闭眼单脚站立等常见项目进行测试，发现有规律地进行太极拳练习对小学生体质的改善作用显著，且对高年级学生的效果优于低年级学生。

身体成分是人体结构的特征指标，关乎人的身体外在形态，如体形等。在一项为期 8 周的太极拳干预计划中，招募 24 名女大学生，干预内容为每周 3 次太极拳运动，每次 60 分钟，运动强度为心率储备的 50%~80%，发现受试者干预前后的体脂百分比、腰臀比存在显著差异。

肌肉力量是人体的重要功能之一，是人体抵御重力、抵抗外来作用力的重要条件，关乎人们生活的方方面面。王海波等以大学一年级太极拳必修课学生为实验对象，证实太极拳能够显著提升学生的肌肉力量。另一项研究中，以 24 式太极拳作为干预手段，发现 24 式太极拳能够提高踝关节相关肌肉力量，并且内旋和外旋对于肌肉力量的提升显著高于其他运动方式。

心肺功能是人体心脏泵血及肺部吸入氧气的能力，直接影响全身器官及肌肉活动，对人体至关重要。良好的心肺功能是身体健康运行的保障。练习太极拳对大学生心肺功能的影响已获诸多研究支持。孙耀等以 24 式太极拳进行干预，干预期为 12 周，发现受试者的肺活量、坐位体前屈、台阶试验、脉搏等项目的指标有不同程度的提升。这证明了其能够减缓女大学生的脉搏，增大肺活量，增强心肺功能。另一项针对大学生篮球运动员的研究也证实了这一观点。将 36 名自愿加入实验的志愿者随机分为实验组（n = 18）和对照组（n = 18），实验组与对照组采用基本相同的训练方案，但实验组在每次原定的训练计划后增加一组太极拳练习。结果发现实验组吸气和呼气时肺活量等反映呼吸功能强弱的指标改善显著。此外，在一项以 24 式太极拳为干预手段的研究中，干预周期为 12 周，每周 5 次，每次 60~70 分钟，结果发现这种方式能够显著提高女大学生机体的抗氧化能力、呼吸系统和心血管系统功能以及骨密度。

平衡性和柔韧性是人体素质的组成部分。平衡能力能够抵御破坏平衡的外力，以维持全身的稳定状态。较好的柔韧性能够增强肌肉弹性，既能预防运动损伤，又能增强肌群间的协调性，减轻运动中产生的肌肉紧张。一项为期 12 周、每周 5 次、每次 60 分钟的太极拳干预中，发现受试者的平衡性、柔韧性存在显著差异。另一项为期 15 周的干预计划中，招募体育院（系）60 名女大学生，发现稳性太极拳与非稳性太极拳锻炼均能提升女大学生下肢本体感觉和动态平衡能力，且效果上非稳性太极拳优于稳性太极拳。

5.1.1.2　对特殊学生的干预效果

学生群体规模庞大。在众多学生中，有部分学生的体质产生了一些变化，可能不利于其健康。太极拳能充分发挥自身优势，对这类人群具有一定成效。具体表现如下。

（1）太极拳对不同体质的干预效果。在中医中，偏颇体质可分为阳虚质、阴虚质、气虚质三类。在一项针对偏颇体质学生的干预中，招募 486 名偏颇体质女大学生作为实验对象，开展为期 4 个月的干预，发现太极拳改变了女大学生阳虚质和气虚质的维度得分，使其向平和质转变或减轻属性偏向，但对于阴虚质的干预效果不明显。

（2）太极拳对脊椎病患者的影响。蒋湘平对 16 名患有特发性脊柱侧弯的大学生进行研究，发现 12 周的八法五步训练能够影响受试者对脊柱冠状面倾斜角度、腰椎和颈椎左右侧旋活动度以及腰背部功能障碍情况的主观感受。在一项针对高中生颈椎病的研究中，将 80 名志愿者随机分为对照组和实验组，实验组采用基础治疗结合杨式太极拳 16 式的干预方案，对照组仅采用基础治疗方案，干预 3 个月。结果发现实验组受试者的症状、体征、日常生活动作、VAS 评分、颈椎健康状况与受试前均有显著差异，杨式太极拳 16 式联合基础治疗在症状、疼痛程度的改善方面明显优于单纯基础治疗。

（3）太极拳对肌肉力量的影响。Kong 等对被诊断出患有唐氏综合征且年龄为 10~18 岁的学生进行太极拳训练干预，结果显示太极拳能够改善受试者腿部力量和上下肢协调性。

（4）太极拳对平衡能力的影响。Cetin 等对 39 名 10~14 岁患有先天性感音神经性听力损失的学生进行持续 10 周、每周 2 次、每次 60 分钟的太极拳干预，发现先天性感音神经性听力损失学生的平衡能力和功能活动能力得到显著改善。

（5）太极拳对肥胖的影响。肥胖是当今的"富贵病"之一，在学生群体中越来越普遍，产生了一系列负面影响，减肥成为时代之选。在一项针对肥胖大学生脂肪代谢及关联激素的研究中，招募肥胖大学生 40 名，分为四组，两组为实验组（男组 10 人，女组 10 人），两组为对照组（男组 10 人，女组 10 人），实验组进行太极拳干预，为期 20 周，每周 5 次（周一至周五），每次 30 分钟；对照组不进行干预。结果发现长期练习太极拳改变了体脂及血脂的组成成分，促进了脂肪分解代谢，能调节内分泌，有益于健康、健身和减肥。体重指数（BMI）是衡量肥胖程度和健康状况的指标。有研究发现，习练太极拳可以降低BMI，但其效果不如高强度运动。

5.1.1.3　不同方案的干预效果

太极拳作为一种运动干预手段，其干预效果是否优于其他干预方式，引起了研究者的关注。在一项为期12周的长拳与太极拳的对比研究中，将24名大学一年级的学生随机分为长拳组和太极拳组，长拳组练习初级长拳第三路，太极拳组练习24式简化太极拳，每周3～4次，每次60分钟。结果发现长拳和太极拳均能显著提高受试者的最大耗氧量，且太极拳组的最大耗氧量明显高于长拳组。魏春芳对瑜伽与太极拳进行对比研究，将150名女中专学生志愿者随机分为三组：瑜伽组、太极拳组、对照组。瑜伽组受试者接受瑜伽作为干预手段，太极拳组采用太极拳作为干预手段，为期17周，每周2次，每次90分钟；对照组不进行干预。结果发现瑜伽、太极拳锻炼均可改善女中专学生的身体形态、心肺功能、柔韧性、平衡性，且太极拳对女中专学生的动态平衡能力的改善优于瑜伽。此外，学者们还对与太极拳有相同功法逻辑的运动方式进行了研究。徐楠楠对24式太极拳、易筋经和五禽戏的功效进行研究，发现三种干预方案均改善了女大学生的平衡能力，但24式太极拳对女大学生平衡能力的改善显著优于五禽戏和易筋经。

5.1.1.4　不同频率的干预效果

太极拳是一种中等强度的有氧运动，不同的干预频率或许会对人体产生不同的效果。一项为期8周的太极拳训练，旨在探究不同太极拳训练次数对大学生肺活量、一分钟跳绳、坐位体前屈测试产生的影响。此实验为随机实验，实验对象随机分为实验组和对照组，实验组每周训练次数为3次，对照组每周训练次数为1次，训练内容和每次训练时长相同。结果发现训练后无论实验组还是对照组，大学生的肺活量、一分钟跳绳、坐位体前屈测试结果都有显著变化，且每周3次的太极拳训练效果优于每周1次。这一研究结果在黄祁平等的研究中得到了验证。他们招募了40名大学生，将他们随机分为对照组、实验一组、实验二组、实验三组，对照组不参与太极拳练习，实验一组每周练习太极拳1次，实验二组每周练习太极拳2次，实验三组每周练习太极拳3次，实验共开展 12 周。结果发现适量的有氧运动能够提升血清中免疫球蛋白 G 水平，增强体液免疫应答水平，提高免疫力，且呈现练习频率越高效果越好的趋势。但这与庄静开展的一项研究的观点似乎存在矛盾。庄静开展了为期 15 周的实验，将 122 名志愿者随机分为实验组和对照组，实验组每周进行 5 次太极拳锻炼，对照组每周进行 2 次太极拳锻炼，每次训练时间均为 90 分钟。结果发现不同频次的太极拳练习对大学生体质指标的影响总体上差异不显著。当然，产生这种运动效果的差异可能是由于各研究者在实验中所选的指标不同。因此，未来有必要增加对太极拳练习频率与相关功能变化的关系的研究。

5.1.1.5　不同运动水平的干预效果

相同的干预方案在不同人群中运用或许会产生不同效果。为探究太极拳练习者水平的高低对太极拳练习者身体成分和心率变化的影响的差异，岳利民招募了 39 名太极拳初学者和 26 名太极拳高水平运动员，开展了为期 16 周、每周 1 次、每次 90 分钟的相同太极拳习练方案干预。结果发现虽然两组受试者的身体成分和心率都有所改善，但对太极拳高水平运动员的身体成分的改善显著优于太极拳初学者。

5.1.2　太极拳助力学生心理健康

5.1.2.1　心理受益的运动生理学反应

太极拳作为一种中等强度负荷的运动方式，其干预会引发相应的人体生理系统反应。有充分证据显示，生理因素是运动对心理健康产生积极影响的有力佐证。研究指出，运动能够促进血清素和多巴胺的分泌，进而增强中枢神经系统中突触的传递。动物研究表明，运动可刺激内源性阿片类物质（如内啡肽）的分泌，使人处于愉悦状态。Shyu 等的研究进一步显示，大鼠长期进行肌肉运动（如慢跑）时产生的分泌物，会影响中枢内啡肽机制，从而产生镇痛作用，导致运动大鼠的疼痛阈值提高。

定期运动能够有效预防或改善慢性压力引发的代谢和心理并发症。这些益处主要是因为运动降低了人体对压力的敏感性（尤其是胰岛素敏感性）以及对代谢功能的影响。针对轻度抑郁症青春期女性的研究表明，定期运动可缓解抑郁状态，减少压力荷尔蒙（如尿皮质醇和肾上腺素）的排泄。运动还能减少氧化应激，进行神经内分泌自动调节，从而对抗与应激相关的神经元变性。体育锻炼会提升海马体中脑源性神经营养因子的水平，对与慢性压力相关的海马体变性起到保护作用。海马体作为应激激素的靶点，极易受到神经元变性的影响。越来越多的证据显示，适度运动能够增殖海马神经元，并提供对抗年龄相关神经元损失的平衡力，减缓海马体体积缩小的速度。故而，较大的海马体体积或许是运动从业者具有培养积极情绪、保持情绪稳定和进行正念行为的独特能力和习惯的根源。这些发现表明，定期运动训练具有良好的抗抑郁和抗焦虑作用。运动能够改善人体生理功能，涵盖代谢水平、神经元增殖和神经内分泌自动调节，直接或间接有益于心理表现，如产生积极情绪、情绪稳定、抗压和焦虑缓解等。

5.1.2.2　太极拳提高学生心理健康水平

太极拳对学生的心理健康具有重大意义，能有效促进注意缺陷多动障碍、自我调节效能低、睡眠质量差、情绪不佳等心理疾病的康复。越来越多的科学证据显示，太极拳与心理健康、社会心理健康、减压及自我报告的睡眠持续时间的改善密切相关。一项综述性研究发现，太极拳对心理问题的干预效果最为显著，远超其他项目，例如羽毛球、游泳等。在对 30 名健康大学生的干预中，进行每周 2 次、每次 60 分钟、持续 3 个月的太极拳训练，结果显示活力(代表精力充沛和免于疲劳)、角色心理/情绪功能(代表由情绪问题导致的日常家庭或工作活动受限)、心理健康均有所改善，整体心理健康维度(4 个心理健康变量的组合)水平也显著提升。一项针对 64 名护理专业学生的研究中，进行了为期 8 周、每周 3 次、每次 40 分钟的太极拳干预，结果表明在前测、后测和 1 个月随访期间，受试者压力、焦虑、抑郁总分显著下降，自信心显著增加。太极拳是一种成本低且效果佳的运动，被推荐为缓解学生压力、焦虑和抑郁以及提升自信心的有效方法。另一项针对 45 名大学生(14 名男性和 31 名女性)的研究中，进行了为期 16 周、每周 1 次、每次 90 分钟的太极拳干预，结果发现学生能够保持可控的压力和焦虑水平，达到推荐的睡眠时间，并拥有良好的睡眠质量。这些结果充分表明，太极拳训练计划能够切实改善学生的身心健康。

太极拳对于学生心理健康的意义已获证实。太极拳训练可以促进尿液中去甲肾上腺素的排泄，提高心率，改善紧张、愤怒、疲劳、混乱、焦虑状态和减轻抑郁。后续的一项研究表明，在增强活力的同时，太极拳能够缓解精神和情绪压力，降低唾液皮质醇水平，改善情绪状态。这可能是因为太极拳运动显著降低了交感神经系统活动，通过在特异性抗原刺激下产生转化生长因子 β 和白细胞介素调节性 T 细胞介质来缓解，改善黏膜防御，从而降低人体免疫性和炎症性疾病的风险。关于太极拳的潜在生理效应，人体调节信号通路可能发挥关键作用，这些通路在大脑中由边缘奖励和动机回路体现。前额叶皮层假说被认为是产生这种正向影响的可能机制。该假说提出"心灵的免疫系统"，表明前额叶皮层在调节个人心理健康方面起着灵活枢纽的作用。前额叶皮层可能是多种复杂神经关联中的关键生物标志物，有助于个人管理负面情绪或维护心理健康。

5.1.3　太极拳助力学生增强文化自信

文化是教育的凝聚剂，于校园中所形成的校园文化对教师、管理人员、学生、家长等均能产生广泛影响，故而社会各界对学校文化建设予以高度关注。太极拳文化是文化在太极拳领域的重要呈现。发挥与中华优秀传统文化一脉相承的太极拳文化的效能，对于促进新时代我国学子文化自信提升，颇具重要意义。

5.1.3.1　太极拳文化育人功能所面临的挑战

就文化自身而言，无论强弱，皆具自身价值。然而就传播态势而言，文化传播存在不均衡的状态。所谓"弱势文化"，指某一特定文化就其当下所处特定区域内的地位而言，包含以下三层含义：其一，未获大多数人认可与接纳；其二，长期处于弱势，吸附能力偏弱；其三，处于不断发展状态，属动态概念。此"弱势文化"由中国社会现状决定，是我国特殊社会背景下所形成的价值导向。太极拳虽已被广泛习练，但其文化功能的发挥尚待进一步提升，在学校教育中尤甚。尽管当前出台了诸多政策以弘扬太极拳文化，但其对校园文化的影响颇为有限。究其原因，有以下几点。

其一，太极拳价值观的异化。太极拳虽已广泛传播，但其文化已被边缘化，沦为弱势文化，尤其是在"健康第一"体育教学理念提出之后。随着"健康第一"体育教学理念渐入人心，校园体育的文化属性渐趋降温。此理念虽在一定程度上推动了体育发展，却同时固化了体育内涵，致其内涵缩小，渐成单一的体育价值观。另外，受不良社会思潮的冲击，部分学生在理想与现实的冲突中思想产生错位，使利己主义、功利主义成为部分学生体育价值观的重要构成部分，导致课堂上学生唯分数论，漠视体育文化内涵。在体育课堂之外，在功利主义驱使下，校际比拼失范、足球场上出现黑哨、擂台上打假拳等屡见不鲜。此种价值观使"更快、更高、更强、更团结"的奥林匹克精神发生异化。太极拳文化从属于文化，与体育文化相互交融，故而太极拳文化不可避免地亦属此异化之列。

其二，太极拳文化认知的偏差。中华人民共和国成立伊始，百业待兴，经济建设问题凸显，太极拳文化被边缘化。长期边缘化，致使部分学生对太极拳文化产生认知偏差，未能领悟太极拳文化的精髓，误将"老人拳""没吃饱饭"等等同于太极拳文化，认为其无关紧要。

其三，太极拳文化传承基础的破坏。身体素质是人体活动能力的体现，主要体现为耐力、速度、力量、灵敏性、柔韧性以及人体各器官的机能的综合反应。中国文化体系长期受以"文"为主的强势文化影响，对学生身体素质教育有所忽视。虽在某些教育者、家长的观念中，身体素质颇为重要，但"喊起来重要，做起来次要，忙起来不要"已成常态。长期聚焦于分数，使得学生身体素质令人担忧。相关研究表明，学生肺活量水平、体能素质近年来持续下降。不仅身体机能下降，随之衍生的其他问题亦日益突出。有数据显示，家长、老师、社会不断向学生灌输"智能"学习的重要性，学生开启"5+2""白+黑"的学习模式。社会之漠视、学校之无视、家长之忽视，以致学生于繁杂的"智能"学习之余无暇顾及自身身体素质。学生体育课上不愿动，课后不愿进运动场的现象愈来愈普遍。长此以往，学生身体素质变差是必然的结果，学生身体素质问题愈发严重，破坏了太极拳文化传承的校园沃土。

5.1.3.2 太极拳文化教育的重要价值

太极拳文化于社会文化发展进程中生成，而后逐渐与教育文化相融合，对培育当代学生积极的世界观、人生观、价值观意义重大。

其一，传承文化经典。太极拳为文化之拳，与华夏文化一脉相承，处处彰显我国先辈智慧，既是中国传统文化的载体之一，也是"人体与科学"融合的产物。太极拳受儒家"仁"思想、道家"天道"等思想的熏陶，以中国传统哲学"太极阴阳学说"为拳理的依据与指导。中国传统哲学独有的哲学思维模式——阴阳辩证法，以和谐为核心，强调世间万物整体涵盖阴、阳两大要素，而阴、阳二者所产生的矛盾以协调、和谐的方式，达至稳态的发展。这对于解决当下日益突出的校园问题颇具意义，譬如校园欺凌现象。

其二，构建圆融的价值观。太极拳文化的突出特点为"圆"文化，这与太极拳独特的运动方式紧密相关。太极拳运动要求"非圆即弧"，所有动作及路线均以弧为基础、以圆为核心，以大圆带动小圆的圆形运动来抵消自身所产生的突触；在与人接触时，消除对手接触自身的可能性。当对方发力时，因自身无受力之处，而将对方的力量直接消解，以解除自身危机。于学生而言，一方面需要获得足够高的分数以获得社会认可，从而获取更优质的教育资源；另一方面要形成良好的身体素质，以享受生活、创造生活，为社会服务。学生的文化素养不可或缺。当下，分数乃学生获取较好教育等资源的有效途径，身体则为承载体，而提升文化素养关乎"三观"的构建。在一定程度上，它们相互影响，部分人选择西方哲学的"冲突辩证法"，以斗争的方式解决矛盾。太极拳则秉持中国传统哲学思想，以和谐推进，以"圆"文化介入，使身体素质和文化素养同时推进，不偏不倚，达成全面和谐的发展目标。

5.1.3.3　太极拳文化教育的优化策略

其一，优化教学体系，深度阐释太极拳文化深厚且广博的理论内涵。系统的理论梳理是太极拳文化传承的重要方式，要依托体育课程、校园俱乐部等进一步优化教学体系，促使太极拳文化在学生中传承。一是完善课程设置。在体育课程中，融入《太极拳史》《太极拳文化与实践》等与太极拳文化相关的优秀作品，打破传统以技术传授为主的课程设置模式，强化太极拳理论学习，理论与技术并重，同步推进。二是丰富课堂内涵。组织专家学者编撰太极拳领域高水平教材，取其精华，以课堂、专题讲座等形式传播、传承，使弱势的太极拳文化向强势文化内生式转化。三是整合教育资源。以专题讲座等方式，构建教育交流平台，整合校内外专家、学者，实现优秀教学资源的重新整合，进一步优化学校教学体系。

其二，优化学校太极拳实践教育活动，促使太极拳文化由感性认识内化为精神信仰。整合校内外教育资源，将太极拳文化教育融入思想政治教育体系中，积极构建太极拳文化教育的实践平台。一是依托博物馆、纪念馆、故居旧址、文化遗产等，建立太极拳文化教育基地，定期组织参观、学习活动。二是以"三下乡"活动等社会实践活动为契机，引导学生将太极拳文化带入乡村，在农村传播太极拳文化。三是设置太极拳文化社会调研专题，引导学生参与志愿活动，在调查中汲取太极拳文化的精髓。

其三，优化学校管理体系，为太极拳文化的传播提供制度保障。太极拳文化是我国传统文化的一部分，在各学校受重视程度不一。开展太极拳文化教育务必优化当前教育管理体制。在学校党委统一领导下，转变对太极拳文化的认知，整合校内外资源，充分发挥各方合力，共同参与，构建强有力的工作机制。通过构建相应激励机制，运用校内资源，对校内教师进行相应培训，建立高水平的太极拳文化育人教师队伍，同时拓展职务及职称晋升空间。自校外引进知名专家，增强校内太极拳文化力量。明晰各部门职责，制定评价标准，促进太极拳文化在学校良性、有序发展。

5.1.4　应用太极拳应对校园欺凌问题

校园欺凌是严重的社会问题，对学生的身心发展危害甚重，引起了社会各界的广泛关注。对校园欺凌的治理虽在各界的共同努力下取得了一定成效，然而形势依旧严峻。太极拳作为中华优秀传统文化的代表，其独特功效惠泽数亿人。如此卓越的太极拳，能否施展自身智慧，于校园欺凌治理方面有所建树，成为一个疑问。在新时代背景下，如何借优秀传统文化对抗校园负面势力，从而切实移除学生发展过程中的绊脚石，值得深入探究。

5.1.4.1　校园欺凌行为诱因剖析

校园欺凌是危害深重的社会现象，给受欺凌者甚至旁观者皆带来极大的身心创伤，其是多重因素共同作用的产物，具有颇为复杂的生成背景。为更好地了解和整治校园欺凌，需追本溯源，系统地探究校园欺凌的成因。唯有明晰其产生的缘由，方能对症施药，提升整治效能。校园欺凌中受欺凌者和欺凌者受不同因素影响。

生理诱因剖析。生理特性是人之所以为人的关键标识。校园欺凌现象的出现，与人的身体关系紧密。校园欺凌呈现出男性欺凌者多于女性、高年级学生欺负低年级学生、强者欺凌弱者、身体健全者欺凌生理缺陷者等特征。我国校园欺凌通常发生于大学以下、幼儿园以上的学校，涵盖普通中小学、特殊教育学校、中等职业学校、专门学校等。当下我国小学入学年龄普遍为 6 岁，属儿童中期(5~11 岁)。处于儿童中期的学生运动表现能力已出现差异，男生渐优于女生。一项调查研究表明，处于儿童中期的男生实施身体侵害和关系侵害的水平明显高于女生。从儿童中期进入青少年期，男女运动表现能力差异渐大，男生在同等条件下力量、体能等明显优于女生。故而在校园欺凌者中，男生多于女生，校园欺凌是某种情形下男生展示自身"优越性"的错误表达。此外，一般而言，高年级学生身体运动能力优于低年级学生，因而更易引发欺凌行为。2015 年的一项调研发现有 6.1% 的人常被高年级同学欺凌，印证了此设想。再者，身体瘦弱或残疾的学生更易遭受欺凌。由此观之，生理差异是校园欺凌现象产生的重要影响因素。

心理诱因剖析。独生子女、性格霸道者及采取消极应对方式的学生易成为欺凌者，其心理健康水平通常较低。在实施欺凌的初始意识阶段、施加欺凌行为时、欺凌结束后，欺凌者在心理层面的反应存在差异。调查研究发现，多数欺凌者在实施欺凌时的感受与平时不同，普遍存在欺凌快感，以至于他们在欺凌时无所顾忌，存在一定程度的心理问题或价值观扭曲。首先，相较于普通学生，心理健康水平较低的学生普遍更为敏感脆弱，于人际交往中常脱离现实以个人主观意愿评判他人思维和行为，易造成对他人原本行为的扩大化或污名化，从而引发欺凌行为。其次，心理健康水平较低的学生内心易自我否定，从而加剧内心痛苦，更易将自身的"不幸"强加于他人，寻求自我内心的平衡与满足。

文化诱因剖析。文化是指人类在社会实践过程中所获取的物质、精神的生产能力以及创造的物质、精神财富的总和。校园欺凌现象在人类生产生活中产生，深受文化影响。在分析校园欺凌现象的成因时，文化是重要的影响因素。文化是个体或集体产生偏差行为不可忽视的要素。人口密度、失业率、辍学率、低收入群体数量、单亲家庭数量等生态特征与社会系统是否平稳密切相关。如果社会系统紊乱，就易引发校园欺凌现象。从文化的视角切入，发现校园欺凌具有社会结构、过程和反应三个层面的原因，具体包括社会结构紊乱、不合规矩地缓释个体紧张情绪、主流文化排斥低阶群体、欺凌行为的个体习得、过低的个体控制、个体标签化和污名化、校园稀缺资源冲突等因素。

5.1.4.2　应用太极拳应对校园欺凌的路径

首先，内源治愈之路。

其一，构建中正价值观的路径。武术是我国文化瑰宝，依习练者劲力表现方式的不同分为外家拳与内家拳。两种拳的表达各异，外家拳更重外在展现，而内家拳注重自身内在发展。太极拳乃众多内家拳中的优秀代表之一，形成了独特的价值体系。太极拳运动遵循手与足合、肘与膝合、肩与胯合的"外三合"和神与意合、意与气合、气与力合的"内三合"之法，最终形成一条中线，太极拳习练者将其视作"命门"，故"守中得其中"。而这种中线价值在身体上呈现为身体中正、不偏不倚。将此太极拳的价值观念传递给校园欺凌的实施者及受害者，各自身正、不偏不倚：欺凌者自我约束，做到不越矩；受欺凌者立身中正，防范外来干扰，形成自我保护屏障。

其二，培育强健体魄的路径。太极拳是一种格斗体系，具有较强的技击功能，备受古今中外推崇。在太极拳的历史中，高手众多，如陈王廷、杨澄甫、孙禄堂、陈照奎等皆为当时赫赫有名的技击高手。校园欺凌中，通常是对相对弱势的一方进行欺凌。受欺凌者的外在表现常有身体瘦弱等特征。通过太极拳的习练，可增强自身实力。一方面，强壮体格，于外形上对他人形成威慑。另一方面，通过太极拳的习练，增强自身肌肉、心血管等功能，逐渐提升自身的运动表现，在遭受欺凌时能够发挥良好的自我保护作用，提升自我效能感。

其三，构筑坚强心理的路径。校园欺凌者通常心理健康水平较低，常以某种错误方式表达自身。体育活动对培养学生良好心理状态益处颇多。太极拳作为一种身体活动，也具有体育属性，故而是一种心理疗愈方式。一方面，太极拳的习练注重内在发展，探寻内在世界的本源，因而不易引发对外在世界的排斥，使内心趋于平静。另一方面，太极拳的运动强度可不断调整，既可进行低强度连绵不绝的阻力运动，亦可采用高负荷爆发式的练习方式。可强可弱的锻炼方式，既能修复受损的神经细胞，又能分泌较多的多巴胺，使人产生更为愉悦的情绪，从而持续提升习练者的心理健康水平。常言道"技高人胆大"，通过太极拳的习练，不断提升个人技艺，"以技壮胆"，能使学生形成坚实的心理防线，积极抵御校园欺凌的发生。

其次，外源治愈之路。

其一，施行刚柔相济的管理路径。太极拳在整个运动过程中始终贯穿着"阴阳"，每一式中皆体现"阴阳"，最终形成了"刚柔相济"的太极思想。"刚柔相济"，即刚中有柔，柔中有刚，二者最终融合为一体。校园欺凌是较为强势的一方（欺凌者）对相对劣势的一方（受欺凌者）的欺凌。欺凌者和受欺凌者为一对阴阳，在一定条件下受欺凌者会转变为欺凌者，欺凌者会转变为受欺凌者。在校园欺凌现象的治理中，要始终以太极拳的阴阳文化为治理理念，对欺凌者和受欺凌者采用辩证的管理方式，防止其相互转化，形成新的伤害。同时，学校作为管理方，在政策制定上要融入"刚"性文化，从制度上确保校园欺凌者受到应有的约束，发挥警示作用；在实际操作中，要融入"柔"性因子，辅助"刚"性制度的施行。"刚"性制度是树立标杆，使校园欺凌现象的治理有章可循；而怀"柔"方式是为了确保刚性制度的切实落实，从根源上获得学生的认可，最终形成既有强硬措施又具有人文关怀的"刚柔管理"体系，助力校园欺凌问题的解决。

其二，采用联防联控的治理路径。校园欺凌是一种复杂的社会现象，其产生并非单一因素所致，故而在探讨其解决之法时亦需从整体着眼。太极拳注重整体，从外形上看，太极拳的运动轨迹是"一动无有不动"，讲究周身一体，一动皆动、一静皆静。其内在劲力的运行则要求"节节贯串"，形似游龙，使劲力一节一节依次传递，最终达成"劲整"的浑然一体。校园欺凌是一种社会现象，在治理中，应遵循整体的社会治理架构，整个社会犹如身体，而校园欺凌是身体的一部分，但这部分是一个病变体。故而要彻底解决它，不能将其孤立，而应将其置于整体之中，通过整体的改变使这一局部恢复正常。例如情绪较易波动的抑郁症患者，病因既有内在因素（可能是先天基因缺陷所致），也有后天社会因素（如父母教养方式等）影响，抑或是先天与后天因素共同作用的结果。所以在抑郁症治疗中，不能仅关注其中一点，应将其纳入一个整体。太极拳便是使人形成一个更为紧密整体的一种手段。校园欺凌是社会现象中的一种，在治理中，要融入太极拳"整劲"原理，获取社会的正视、学校的重视、法律的支持，借助家长、教师、学生、行政执法人员等的力量，营造良好的社会环境。

其三，圆融校园文化涵养路径。在中国漫长的历史发展进程中，"圆"文化意识、观念和情感自然生发，逐步演化为一种人生思维，在《周易》《太极图》等中常有深入阐述。太极拳是优秀的传统文化，其中太极图是太极拳理论的重要源泉，因而"圆"文化成为太极拳的显著特征。太极拳以圆为势，动作弧形源于圆，外在形体动作和劲力处处皆走螺旋、画圆圈，连绵不断画圈，大圈小圈变化，圆与弧相连，即"非圆即弧""非自转即公转"的圆形特质。太极拳习练者的缠丝劲、弧线、大周天、小周天等运行方式均以"圆"为蓝本（或真实或意想）。太极拳之"圆"源自中国传统太极文化之"圆"，是中国人巧妙地将太极文化运用于中国拳技的具体体现，也是太极拳拳理拳法生成的内在动因。圆既是太极拳之形，也是太极拳之本。太极拳运动中，常有"圆转如神""活似车轮"等形象要求，要求运动轨迹呈圆形；是周身转动，不只手足；要达到力矩均匀、不偏不倚。在学校教育中引入太极"圆"文化，对形成积极友善的校园氛围具有促进作用。一方面，通过对太极拳的习练，将太极拳"圆"文化融入学生日常教育中，引导"圆"文化深植学生内心，形成以学生为个体的校园"圆"，明确学生自身的界限，同时也留意他人的界限，于人际交往中注重保持边界感。通过"小圆"的明晰，逐步形成校园"大圆"，减少无意识越界情况的发生。另一方面，通过"圆"文化教育，教导学生于人际交往中时刻留意自身的棱角，适度保持圆润（这并非逃避，"圆"本身之所以成圆是因其具有一定张力），避免不必要的矛盾。

5.2　太极拳在社会经济发展中的应用

2000 年前后为太极拳产业发展的分水岭。21 世纪以前，太极拳产业主要通过为社会提供护体、健体、文化服务等产品为经济发展作贡献，作为体育类产业的附属而存在，尚未纳入国民经济的独立产业体系。进入 21 世纪后，在党和国家的高度重视下，《国务院办公厅关于加快发展健身休闲产业的指导意见》《武术产业发展规划（2019—2025 年）》等文件相继颁布，提升了社会对太极拳的认可度，增强了对太极拳的认知，太极拳产业正超越体育产业范畴，向健康、文化、教育等关乎人们生活生产的诸多领域拓展，初步呈现出产业化的发展态势。依据当前的发展趋势判断，预计至 21 世纪中叶，将形成以中国为核心，以日本、韩国、澳大利亚、美国、英国、法国、墨西哥、瑞典、芬兰等国家和东南亚等地区为分中心，并向非洲、中美洲、南美洲、中东、中亚等地区渗透辐射的太极拳传播网络，届时习练太极拳的人数将为 5 亿人左右。太极拳习练人数的迅速增长，必然催生相应的经济需求，届时将形成一个庞大的潜在市场。

太极拳产业指的是以太极拳为支撑，向社会提供太极拳及相关衍生产业的产品和服务等相关经济活动以及相应经济部门的总和。在我国的产业分类中，体育产业涵盖政策类服务、资本类服务、竞赛表演类服务、体育传播与信息类服务、体育健身休闲类服务、体育培训与教育类服务、体育场馆类服务七类。当下，以太极拳为主导因素形成的太极拳产业隶属于体育产业，是体育产业的子项目。从产业层级来看，太极拳产业可划分为上游产业、中游产业、下游产业及衍生产业。上游产业的主要内容包括太极赛事(企业赞助、广告赞助、联赛分红和门票收入等)、太极文化(教育)、康养、太极培训(技术传习)、太极经纪、场馆运营业等；中游产业的内容包含太极媒体传播(传统媒体、新媒体)等；而下游产业、衍生产业的内容涵盖太极旅游、健身培训、太极用品、太极器材、服装、金融服务、太极元素建筑等。太极拳产业链的实质是向太极拳消费者提供顾客价值的价值链，涵盖为太极拳消费者选择价值、创造价值、传递价值三个阶段。

5.2.1　太极拳产业消费市场

伴随我国市场经济的发展以及太极拳国际化的不断深入，太极拳市场需求与日俱增。据不完全统计，全球 150 多个国家和地区习练太极拳者已近 3 亿人，太极拳已成为世界上习练人数极多的运动项目之一。在"做精太极拳文化，做大太极拳品牌，做强太极拳产业"理念的引领下，太极拳市场交易额迅速增长，正在服务整个消费市场。

5.2.1.1　太极拳产业发展历史溯源

太极拳历史源远流长，其产业化发展主要沿着三条主线推进。

其一，竞赛路线的衍化。武举制度是古代封建统治者为选拔人才所设，始于唐朝，沿用至清末，其间虽有中断，仍为古代武术的传承与发展作出了重要贡献。陈式太极拳的创始人陈王廷曾参加武举考试，为太极拳传承者开创了先例，其后不少太极拳习练者参与了武举考试。武举制度作为当时官方组织的选才制度，是当今各类武术赛事(或升学考试等)的源头之一，竞赛经济由此衍生。民国时期，各类国术馆纷纷成立，培养了大批武术人才，其中包括太极拳家。1928 年 10 月，第一届国术国考举行，将武术竞赛经济推到了新的历史高度。中华人民共和国成立后，各类大小太极拳赛事纷纷开展，取得了良好的经济效益。

其二，教拳、授拳等培训类活动的衍化。早期太极拳的传承方式为家族式、亲族式。陈家沟陈氏十四世孙、陈式太极拳第六代传人陈长兴打破了原有的家传太极拳传承规矩，将拳术传授给外姓人杨露禅。杨露禅学成后，开始以授拳为生，尤其是曾任清政府京师旗营武术教师，揭开了太极拳发展的新篇章，也由此正式开启了太极拳产业化的发展之路。其后，温县陈家沟的陈清平跟随其父在赵堡镇定居，拳艺大成后在赵堡镇开馆收徒，收徒不分亲族，将太极拳产业化发展之路又向前推进了一步。1900 年，袁世凯聘请太极拳高手陈延熙到府中教拳，袁世凯之子侄袁克定、袁克国等随其学习。此后，太极拳发展呈现出百花齐放的态势，遍布海内外，并由此衍生出一系列太极拳产品。

其三，书籍文化创意类产品的衍化。1921 年太极拳著作《太极拳势图解》和《太极拳教学讲义》正式出版，1924 年《太极拳学》出版，1925 年《太极拳术》《太极剑术》《太极答问》出版，1927 年《太极拳浅说》出版，1933 年《陈氏太极拳图说》出版……太极拳相关著作等文化创意产品作为太极拳产业的重要组成部分不断涌入市场。

5.2.1.2　太极拳康养产业消费

经杨露禅祖孙三代人改编，原本刚猛的太极拳完成了向健身养生方向的转变，奠定了太极拳康养功能的基础，并在此基础上不断演化，形成了太极拳康养产业。进入 21 世纪后，随着世界文明的发展，人们的生活环境和生活习惯发生了巨大变化，越来越多的人处于亚健康状态。在当今世界，西医主导了全球医疗，治疗主要针对已产生的病变，对于病变处于临界状态的干预手段相当有限，或者存在疾病干预效果不佳等问题，导致全球医疗经济投入巨大，严重影响了社会发展。太极拳促进人体健康的功能已得到众多研究者的证实，对心血管系统、骨肌系统等的改善具有独特功效，适用于老、中、青、少等各个年龄段的人群。越来越多的人发现，太极拳对人类身体健康具有良好作用且经济成本较低。因此，越来越多的人重视太极拳，逐步形成了富含太极拳元素的康养市场。

5.2.1.3　太极拳文娱产业消费

太极拳文娱产业随着市场经济的发展而发展。其一，书籍类产品。书籍文化创意是太极拳的重要传承方式，目前已出版了《太极拳势图解》《太极拳教学讲义》《太极拳学》《孙禄堂武学录》《太极拳史》等众多巨著，出版的专著、论著数量庞大，是太极拳产业的重要组成部分。其二，影视类产品。太极拳影视类产品至今已形成一定规模。在影视行业，以太极拳为主题拍摄了《太极拳》《太极》《太极张三丰》《太极宗师》《太极神功》《新太极宗师》《广府太极传奇》等作品，创造了巨大的经济收益。其三，文化创意类产品。此类产品是太极拳产业的重要衍生物，例如以太极拳名家为蓝本制作的雕像、卡片、灯笼、钥匙扣等文创产品，散布在市场的各个角落，虽然单个产品价格不高，但总量庞大，且对太极拳的传播起到了推动作用，扩大了太极拳的影响力。其四，艺术类表演。在各类综艺活动、娱乐活动现场都能看到太极拳，它通过各种形式助兴以获取相应收益。一般采用两种表演方式：一种是太极拳的直接表演，如太极推手、太极套路表演等；另一种是将太极拳元素与其他形式相结合，如林怀民创办的云门舞集，将太极拳元素融入舞蹈之中，形成了独特的舞蹈风格，受到全球民众的喜爱，在各类舞台上展示，产生了良好的经济效益。其五，太极拳用品。太极拳用品店分布分散，没有较为集中的经营场所，一般与其他产品合营，如太极拳器械、服饰等。

5.2.1.4　太极拳旅游产业消费

太极拳在世界上的影响力日益增强，成为异地旅游的选择因素之一，创造了可观的经济收益。人们将太极拳与当地的自然资源、人文资源相结合，实现资源的集中利用，放大其优势，形成了新的旅游增长点。河南焦作云台山景区便是这种结合的典型范例。焦作云台山风景独特，在全国享有一定声誉，但曾面临发展瓶颈。云台山景区与太极拳相结合成为焦作云台山突破瓶颈的有效选择，形成了新的旅游观赏点，使人们既能感受大自然的馈赠，又能沉浸在浓厚的历史文化氛围中，形成了"云台山—陈家沟"国际精品旅游路线。此外，集文、体、旅于一体的湖北武当山旅游消费产业，以竞赛表演为特色的河北广府旅游消费产业等也较为成功。

5.2.1.5　太极拳媒介产业消费

互联网改变了人们的交流方式，在人们的日常生活中发挥着重要作用。在此背景下，以太极拳为主导因素的媒介产业也逐渐影响着人们，太极拳教学平台等网络平台兴起。人们在网络上研习太极拳、传播太极拳，在此过程中产生了一系列消费，如流量费、网络管理费、广告费等。例如太极网设有"视频教学""太极馆校""文献著作""拳理拳法""太极拳师"等专栏节目，广泛吸引了美国、澳大利亚等国家和中国港澳台地区的爱好者登录浏览，以便人们寻找太极拳名师、交流探讨太极拳文化知识、购买太极拳影像产品与太极拳书籍，是太极拳网络发展中的成功范例。

5.2.1.6 太极拳竞技产业消费

太极拳竞技产业消费主要涉及教授太极拳技、展示太极拳技术及创新研究拳技过程中所产生的消费。在拳技培训方面，主要的技术体系学习包括套路、推手和散手三个层面的内容，涉及老、中、青、少等各个年龄段的人群，主要场所为学校、农村、企业、机关、社区、军营等，建立了正雷太极书院、王西安艺术馆、河南陈家沟太极拳功夫学校、永年杨澄甫太极拳学院等。有报道指出，仅河北省就有大小拳馆 30 多家，每家拳馆的年收入约 20 万元。竞技赛事主要包括官方和民间组织两类，有专门的太极拳赛事，如中国大学生太极推手锦标赛、中国·焦作国际太极拳交流大赛、河北省全民健身联赛太极拳比赛等；或作为体育赛事的一类子项目，如全国武术套路锦标赛、亚运会等。通过组织赛事，吸引观众观看、投资，收取门票、赞助费、广告费等。此外，在太极拳的传承中，必不可少的是关于太极拳的创新研究，只有如此才能延续太极拳的生命力。在创新研究中产生的一些消费进一步推动了太极拳产业的成熟。

5.2.2 太极拳产业发展困境

5.2.2.1 太极拳发展重竞技轻传统

竞技体育在我国的发展有着特殊的环境。随着我国社会建设成果不断显现，社会逐步向好发展。曾几何时，中国在国际上的地位较低，遭遇诸多不公平对待，迫切需要提升政治影响力。发展体育成为一种较好的选择，于是我们举全国之力发展竞技体育，期望在体育舞台上提升我国的国际影响力。竞技体育在此背景下迅速发展。此后，我国竞技体育不负众望，在国际赛场上斩获一枚又一枚金牌，在体育赛场上向世界展示了中国实力，发出了中国声音。在此情形下，竞技体育自然而然地在我国体育领域占据了主导地位。

中华人民共和国成立后，国家体委（今国家体育总局）牵头编串简化太极拳，使其在各类赛事、学校等领域得到发展。为加以区分，将 24 式、48 式等以参加竞技比赛的套路表演为主要目标的太极拳定义为竞技太极拳，将传统的陈式太极拳、杨式太极拳等定义为传统太极拳。至此，太极拳开始沿着这两条主线演变。传统太极拳侧重实用，传承难度较大；竞技太极拳侧重于难度展示。

竞技太极拳较传统太极拳具有学习速度快、难度小、舞台表现力强等优势，加之官方重点推广，竞技太极拳得到了更广泛的推广。竞技太极拳强势语境的构建主要通过以下举措：第一，提升舞台表现能力，不断修改太极拳内容以实现"高、新、难、美"的肢体表达，满足"看热闹"人群对身体极限突破的好奇，激发了受众强烈的推广意愿，形成了竞技太极拳的虹吸效应；第二，将竞技太极拳设为学校体育课的必修内容——只有少数学校或者少数人群(如民族传统体育专业学生、体育类太极拳专项学生)学习传统太极拳；第三，搭建竞赛平台，赛事组织方在各类武术(或太极)赛事中设置竞技太极拳比赛项目，大幅压缩甚至取消传统太极拳比赛项目，以此推广竞技太极拳；第四，搭建竞技推广平台，在一些正式的公开场合，有意识地重点推广竞技太极拳。通过这一系列举措，竞技太极拳已占据太极拳的主导地位。

竞技太极拳虽源于传统太极拳，但现代体育色彩明显，且习练者和推广者有意无意地进行改编，使得部分人习练的太极拳已"操化"。这种"操化"严重扭曲了太极拳的内涵，对太极拳的长远发展极为不利。传统太极拳经过了先辈的实践检验，符合人体运动规律，这是其区别于其他运动项目的根本。当下，传统太极拳的话语权愈发微弱，这是对优秀文化传统的摒弃，割裂了太极拳的技击以及文化传承。由此，基于太极拳发展而来的太极拳产业，亦将举步维艰。

5.2.2.2　缺乏核心竞争力

首先，太极拳相关基础硬件设施较为匮乏。一方面，太极拳的重要载体是其技术体系。完整的技术体系传承需要长时间习练，训练过程中必然需要有训练场地、训练器材、服装等基本保障，这方面目前在很大程度上是自给自足(除国家队、省队的专业运动员外)。另一方面，展示太极拳拳术之外的内容(如太极拳文化)以提升太极拳的影响力，需要一些硬件配套(如场地)的支持，虽然目前已建设了一定数量的太极拳博物馆、广场等，但对于庞大的习练人群和丰富的太极拳内涵展示而言明显不足。硬件设施的缺失，严重阻碍了太极拳的产业化发展。

其次，太极拳界的整合能力较弱。当前，太极拳的产业化发展以个体作战为主，团结协作形成品牌的情况较少，未形成合力来发展太极拳产业。这可能是受当下太极拳界认知偏差(单纯的技击观念、强烈的地域保护或家族保护观念、闭门造车的排外思想等)的影响,从而导致管理观念落后、宣传效果不佳、招商引资力度不足、太极拳商业人才与太极拳方面的复合型人才稀缺等,严重制约了太极拳产业的发展。

最后,太极拳产业发展的市场基础薄弱。总体而言,太极拳产业还处于初步发展阶段,与太极拳在世界范围内广泛传播的事实存在偏差。当前,太极拳产业的发展主要集中在健身养生方面,太极拳的技击、娱乐艺术等功能需求不显著,长期单一功能的发挥会导致其原有多元化功能弱化甚至丧失,对太极拳的长期发展极为不利。从产品的专业化、标准化、系列化程度来看,太极拳产业需要进一步开发和完善。其一,专业化不足。专业化是产品发展的核心,关系到产品能否长远发展。在太极拳产业发展中,就技术而言,就其"技击"的本质来说,当前表现逊于拳击等;就其"康养"的实效而言,存在诸多盲点,专业化的权威性受到质疑。其二,标准化建设不足。标准化是产品质量检验的重要依据,也是产品量产的重要前提。就太极拳产品而言,太极拳服饰是重要产品。太极拳服饰是我国传统服装工艺的代表,展现了我国传统刺绣与传统技击术的历史智慧,但目前缺乏能够代表太极拳文化的此类产品。太极拳服饰作为太极拳的重要衍生产品,缺乏相应的区域质量体系标准,阻碍了产品的全面发展。其三,系列化不足。产品系列化是产品生命力和韧性的体现。当前太极拳相关产品系列化不足,比如以太极拳名家为主题的文创作品,表现形式单一,未形成有影响力的系列品牌,限制了自身的增值空间。

5.3 太极拳在社会文化发展中的应用

从抽象层面来看,文明是人类社会所创造的具有历史性、正义性、进步性的成果总和的内在指向,涵盖了物质与精神两个层面的成果。物质是精神的承载,精神是物质的升华。其中的精神,即通常所指的文化。文明在人类的发展进程中逐步形成,如古埃及文明、华夏文明等。华夏文明以礼乐为制度,以易经八卦、丹书朱文、上古汉语为源头,是世界上最为古老的文明之一。文化是文明的内在精髓。绵延数千年的华夏文明包含了阴阳文化、河洛文化、儒家文化、道家文化等优秀文化。太极拳在我国文化的沃土中孕育而生,是中华传统智慧的结晶,自带阴阳文化、河洛文化等优秀文化的内涵属性。因此,以太极拳为载体所形成的太极拳武学思想必然带有我国文化的印记。当下，与其说太极拳在发展，不如说是以太极拳为载体的中华优秀传统文化在发展，这是传承民族优越性的必然之选。

5.3.1　太极拳文化内涵

太极拳的前身是十三势。据史料记载，十三势可能起源于明朝中晚期，其后经太极拳家的提炼，逐渐从外家拳演变为内家拳。在成熟的内家拳体系中，十三势又经历了一次深刻的理论与实践整合，完善了整个体系。这次整合便是将太极理论融入其中，从而形成了以太极阴阳哲理为指导的太极拳。太极拳的诞生离不开当时社会文化的滋养。其一，武术文化的滋养。中国武术体系的形成在公元前 21 世纪至公元前 221 年，这一时期出现了矛、戈、戟、刀、剑等兵器和手搏术等。武术的成熟时期为公元 960 年至公元 1644 年，这一时期涌现出风格各异的技术流派，拳术、器械均得到发展，出现了一系列武学著作，如《纪效新书》《耕余剩技》《手臂录》《武备志》《正气堂集》等，为太极拳的产生奠定了良好的武术文化基础。其二，河洛文化的影响。中华文明的主体是黄河文明，黄河文明的中心在中原地区，其核心是河洛文化，而太极拳的发源地处于河洛文化的核心区域，这为太极拳的萌生奠定了坚实的文化根基。其三，太极文化的引导。太极是古代先贤阐释宇宙从无极而分阴阳，进而化生万物过程的哲学观念，是太极拳最为关键的理论指引。其四，中医理论的辅助发展。中医产生于原始社会，其医理基本形成于春秋战国时期。经络学说是中医理论的重要组成部分，吐纳导引是中医康复养生的重要方法。太极拳吸收了传统中医学的阴阳、经络、穴位、骨骼等理论，运用吐纳导引控制呼吸，形成了阴阳变化的拳术。在众多文化的共同滋养下，形成了以道家思想为核心，兼收儒家、释家、兵家、传统养生功、中医等的精华，能对人的身心进行改造且具有丰富文化内涵的太极拳。故而，太极拳文化，是指在太极哲学思想指引下形成的人体运动文化，是蕴含着深刻的太极哲学思想的人体运动文化。

太极拳文化在太极拳的产生和发展过程中形成，其表现形式主要有物化形态和精神形态两个层次。首先是作为太极拳文化重要载体的物化形态中的人与物。人，主要包括在太极拳发展过程中为太极拳发展作出贡献的太极拳习练者；物，主要包含规范体系及物质文明（其中规范体系涵盖了为发展太极拳所制定的相关规章制度等；物质文明则特指太极拳传承过程中人们奋斗或生活过的场域，使用过的书籍、器材、技术、服饰、运动场所，开展的太极拳活动等，如 2017 年举办的"世界百城千万人太极拳展演活动"等）。其次是作为太极拳文化精髓的精神形态，如孙禄堂武学思想、陈照奎武学思想、马虹武学思想等。这些太极拳武学思想成为太极拳界的鲜明旗帜，影响着一代又一代人。

5.3.2　太极拳文化助力社会文化发展

太极拳文化在中国传统哲学的基础上不断演进，对世界的影响日益深入。2022 年 10 月 16 日，习近平总书记在中国共产党第二十次全国代表大会上指出："传承中华优秀传统文化，满足人民日益增长的精神文化需求。"太极拳作为优秀传统文化的载体，其理论指导以道家思想为核心，兼收儒家、释家、兵家、传统养生功、中医等的精华。第一，太极拳通过身体语言表达中国传统"道"的内涵，是通过对身体的认知领悟"道"的一种实践途径。太极拳遵循阴阳而生，时时刻刻、方方面面都强调将意念、呼吸、肢体三者结合形成整体；将阴阳具体化，形成了太极拳中虚实、动静、刚柔、开合等性质截然相反但又紧密相连的矛盾统一体；在虚实、动静、刚柔、开合之间，形成了动作柔和、绵长的具体拳式和"非圆即弧"的循环往复的行拳路线，以意念为引导（与道家的"存想术"一致），形成了"动急则急应，动缓则缓随""不偏不倚""引进落空""动静无端随势转"等技法，这些都是道家"自然""无为"等思想的具体体现。第二，儒家文化倡导血亲人伦、现世事功、修身存养、道德理性，其核心思想是恕、忠、孝、悌、勇、仁、义、礼、智、信，这些在太极拳文化中处处有所彰显，例如马虹提出的"三不伤"。第三，兵家思想主要体现在对敌策略和技法选择上，比如太极拳"引进落空"的迎敌主张。第四，中医思想则体现在太极拳大小周天运行要求等方面。因此，太极拳文化的传承对于我国社会意义重大，它是以另一种形式对中华优秀传统文化的传承。

在发展进程中，太极拳蕴含着浓厚的民族情感，特别是在列强入侵时，在"尚武精神""强国强种"等思想的影响下，太极拳发挥自身智慧，以不同方式抵御外来侵略。在此过程中所形成的文化必然具有浓厚的民族属性。因此，太极拳文化的传承与发展对于增进民族文化认同的意义不容忽视。其中除了太极拳自身所具有的文化属性内涵，主要源于太极拳名家的共同努力，他们为民族发展作出了巨大贡献，培养了大批民族英雄。

太极拳文化的传承与发展对我国文化自信的提升具有促进作用。一个民族、一个国家的文化并非一蹴而就的，对本国文化自信需要支撑。中华优秀传统文化有着上下五千年的历史沉淀，经受住了历史的考验。传统文化是我国文化的源泉，是我国文化发展的坚实保障。我国的文化自信必须建立在传承中华优秀传统文化的基础之上，进一步实现中华文化的创新，从而不断提升我国文化软实力。太极拳作为中华优秀传统文化的载体，已得到多方证实，太极拳文化能够增强中华民族的文化自信，促进我国文化影响力的提升。太极拳文化内涵在我国社会发展过程中不断演变和丰富。在"一带一路"建设、文化强国战略等的影响下，太极拳作为中华优秀传统文化的名片之一被重点打造，突破了原有的单纯拳术内涵，已逐渐演变为百家争鸣、百姓共练、百国共赢的世界性拳种。

5.3.3　太极拳文化助力社会文化发展路径

5.3.3.1　太极拳人物传承

亚里士多德在其《政治学》中提及，人是一种具有社会性的动物，具有社会的本质属性。人在社会的传承与发展过程中扮演着重要角色。太极拳的传承与发展离不开人。太极拳在发展过程中，造就了一大批具有较大社会影响力的人物，例如陈式太极拳成就了陈王廷、陈长兴、陈有本、陈清平、陈鑫、陈发科、沈家桢、陈照丕、陈照奎、王西安、马虹等；杨式太极拳成就了杨露禅、杨班侯、杨健侯、杨兆熊、杨兆清、李雅轩、武汇川、王其和、顾留馨、傅清泉等；武式太极拳成就了武禹襄、李亦畬、郝为真、魏佩林、姚继祖、郝月如、郝少如等；吴式太极拳成就了全佑、王茂斋、吴鉴泉、郭松亭、杨禹廷、马岳梁、李经梧、王培生等；孙式太极拳成就了孙禄堂、孙存周、孙剑云、郑怀贤、孙永田、孙婉容等。他们为太极拳的发展贡献巨大（或是开宗立派，或是以技术树立标杆，或是著书立说影响世人，或是以德冠绝天下），同时太极拳的发展也造就了他们的社会影响力，形成了双赢的局面。众多太极拳名家，为当时的社会文化发展贡献了自身的绵薄之力，最终汇聚成星海，留下了重要的文化印记。

5.3.3.2　太极拳规范体系传承

在太极拳长期的发展历程中形成了完整的太极拳规范体系。其一，相关规章制度与组织得到了一定程度的完善，尤其是在进入 21 世纪后。在政策制度方面，太极拳文化的推广得到了党和人民的高度重视，太极拳被确立为世界非物质文化遗产、国家级非物质文化遗产，并建立了一整套完整的传承与保护机制。在组织机构方面，形成了较为完善的国内外相互畅通的团体：建立了以国际太极拳协会—中国太极拳协会—各省（区、市）太极拳协会—各市县太极拳协会等各级协会团体，以国家体育总局—各省（区、市）体育局—各市、县文化旅游广电体育局等为传承发展机构，涵盖大中小学校教育团体、部分科研机构，以及以市场运行为主的太极拳学校、俱乐部等多种形态并存的市场运行组织系统。太极拳团体已遍布海内外，正在为世界服务，为世界文化的发展增添浓墨重彩的一笔。其二，形成了约定俗成的武德。太极拳界向来重视道德修养的锤炼，崇德扬善、谦和含蓄、自强不息等已成为太极拳界约定俗成的武德，从多方面影响着太极拳的传播者和习练者。通过武德，教导传承者以自身魅力感染人们，促进以中华传统美德为核心的高尚文化圈的形成。

5.3.3.3 太极拳物质文化传承

有确切的史料证明，太极拳的发展历史已有数百年。在传承过程中形成了太极拳特有的物质文明。太极拳习练的重要场所有河南温县陈家沟、河南温县赵堡镇、民国时期遗留的各级国术馆、河北省永年区武禹襄故居、河北省永年区杨露禅故居、中国太极拳博物馆，以及国内外兴建的太极拳文化广场、太极山庄等，它们见证了太极拳的历史。与太极拳相关的服饰、器械也是重要的承载物。另外，与太极拳相关的书籍等，记载着太极拳的技术体系、传承体系等，为后世的习练者及研究者提供了依据，是传承的重要依托。此外，还开展了大大小小难以估量的太极拳活动。进入 21 世纪后，具有重大意义的活动包括在每年 4 月最后一个星期六举办的"世界太极日"活动、在每年 5 月举办的"世界太极拳月"活动、各类太极文化节活动。其中，2017 年举办的"世界百城千万人太极拳展演活动"影响深远。"世界百城千万人太极拳展演活动"是河南省焦作市委、市政府以国家全域旅游示范区、国际旅游名城创建和太极拳"申遗"工作为契机，由河南温县承办，以"共享太极　共享健康"为主题，用太极雄风展示圣地风采，彰显民族自信的活动。这场盛会从河南温县陈家沟启程，沿着"一带一路"路线蔓延，历时 17 天，先后在国内 500 多个县（市、区）、国外 25 个国家 50 多个城市举行，人数超过 1000 万。这些活动以及活动所使用的场地等对太极拳文化在世界范围内的推广起到了巨大的作用。

5.3.3.4　太极拳精神形态传承

在太极拳的发展过程中，成就了一大批太极拳家，其中一部分人形成了个人独特的太极拳武学思想，并在一定区域内生根发芽、苗壮成长，持续发挥着影响力。例如当代太极拳大师马虹，形成了"忠诚继承，热忱传播"的马虹精神，激励着太极拳人钻研太极拳技术体系和探索太极拳理论。太极拳是一套关于身体运动的项目，它蕴含着深厚的哲学思想，成为社会主义精神文明建设的重要推动力量，已在医疗领域、学校场域、居民生活社区等为老、中、青、少等各年龄段人群服务。

5.4　太极拳在健身养生发展中的应用

当前健康议题愈发受到关注。迈入 21 世纪，全球公共健康卫生状况虽有显著改善，但依旧面临严峻挑战，诸如心理健康问题不断加剧、肥胖现象持续蔓延等，给世界带来沉重压力。在此形势下，人们尝试借助运动来扭转不利局面。经不断探索，诸多证据表明太极拳运动具备身心兼修、攻守兼备、防身实用、防病治未病的功效，对心血管系统、呼吸系统、神经系统等皆有积极影响。

5.4.1　全球公共健康卫生态势

21 世纪以降，全球人口健康水平明显提升，儿童死亡率降低二分之一，孕产妇死亡率降低三分之一，诸多传染病发病率下降，非传染性疾病和伤害致过早死亡的风险降低，全球人口预期寿命由 2000 年的 67 岁增至 2019 年的 73 岁。这些成就与健康领域的进展相契合：从基础保健服务的改善与获取机会的增加，到逐步降低影响健康(包括吸烟、饮酒及儿童营养不良等方面)的风险。

然而，通过普遍观察发现，诸多指标自 2015 年起显著停滞，这给到 2030 年达成可持续发展目标带来了挑战。孕产妇死亡率、5 岁以下儿童和新生儿死亡率、主要非传染性疾病过早死亡率以及自杀和道路交通死亡率等指标的年下降速率可印证此点。实现可持续发展目标的时代轨迹已近半程，其中部分指标远未达到实现各自可持续发展目标轨迹的中点。

此外，尽管吸烟、不安全饮用水和卫生设施以及儿童发育迟缓等问题导致的健康风险有所降低，但进展仍不理想，风险依然颇高，特别是在饮酒和高血压等方面。令人忧虑的是，全球人口（99%）吸入不健康的细颗粒物（$PM_{2.5}$），肥胖症日益流行，且无即刻回缓的迹象。

与 2015 年前的增长相较，扩大基础保健服务获取的速度有所减缓，在减少因保健费用导致的财政困境方面未取得重大突破。不平等现象依旧存在，弱势群体获取保健及相关服务的机会较少，却面临更高程度的健康风险，相关死亡率亦较高。不平等对应对全球危机的进程形成阻碍，新冠疫情期间便得以证实。该疫情已致使 1490 万人额外死亡。该疫情还使诸多与健康相关的指标进一步偏离轨道。因服务中断，免疫覆盖率（涵盖人乳头瘤病毒、白喉、破伤风和百日咳）增长的趋势以及疟疾和结核病发病率下降的趋势皆逆转。在世界卫生组织 75 年的历史中，世界历经人口和流行病学的迅速转变。每年由非传染性疾病导致的死亡人数已增长为所有死亡人数的近四分之三，若此趋势延续，预计至 2048 年世界卫生组织成立 100 周年时，这一占比将约为 86%。联合国预测，至 2048 年，全球每年的总死亡人数将为近 9000 万人，其中 7700 万人将是因非传染性疾病死亡——绝对数字较 2019 年增加近 90%。欲应对此类挑战，并于 2030 年前实现可持续发展目标，关键在于加大力度，加快进程。需明确全球、区域和国家的优先事项，并采取具有针对性的干预措施，以终结可预防伤害所致的死亡，通过降低基本风险因素进一步延缓非传染性疾病所致的死亡，增加公平获取基础保健服务的机会，同时消除面临灾难性费用的风险。至关重要的是，必须具备及时、可靠且分类的数据、预测结果，为各级政府的政策与行动提供信息，以最大程度增进健康并消除不平等。

（此部分节选自《2023 世界卫生统计报告》，有改动）

5.4.2　太极拳健身养生功能转变需求

太极拳创立伊始偏重技击，动作繁杂，既有腾空动作"一字腿"，亦有旋转动作"摆脚跌叉"以及单腿支撑"高探马"等，习练难度颇大。其融入了导引之术、吐纳之法与经典的经络学说，使用螺旋缠丝式的非圆即弧的运动方式，增强了运动成效，尤其增强了爆发力。此种结合令太极拳成为追求"人不知我，我独知人，英雄所向无敌"技击目标的拳种，同时亦蕴含了健体强身、疗养身心的护体要素。随着冷兵器时代的渐逝以及火器等的兴起，拳技之勇在战场中的效用渐减，促使武术家们不得不重新思索武学宗旨及发展等问题，故而太极拳家王宗岳遗留的《十三势行功歌诀》中有言，"详推用意终何在？益寿延年不老春"。显然，这是太极拳自技击转向健身养生的表现。

当太极拳家们面临动作复杂的太极拳时，欲使其朝康复保健方向转变，以满足人们对于健身养生的需求，首先需应对的便是运动负荷较高、动作难度较大的问题。郑松波（2003）明确指出"这对于非专业的普通人，乃至锻炼有素的武术家至老年时亦难以适应"。由此，变化太极拳动作成为必然。

陈式太极拳传至第六代传承人陈有本时，为契合健康养生需求，于原有陈式家传太极拳的基础上，选择舍弃原本存在于太极拳术中的某些高难度动作，形成了陈式太极拳新架。陈式太极拳新架动作舒展、大方自然、儒雅潇洒且兼收并蓄。至此，已与同时期陈长兴传授的陈式太极拳老架有所区别。

对于太极拳向健身养生转变具有里程碑意义的另一位传承人是太极拳名家杨露禅。杨露禅学自陈长兴，而后于北京施教。在北京教拳期间，为适应健身养生需求，他逐渐改变了原有动作。特别是其晚年被延请至王府授拳时，跟随其练拳的弟子大多出身显贵，身体较弱，为使王府子弟在习练太极拳时尽快适应，杨露禅在原有基础上降低了难度。此举加速了太极拳从技击向健身养生的转变。其后其子杨健侯将原有套路改编为中架，动作更为缓慢柔和。再经其孙、杨健侯之子杨澄甫改编，遂成当前广泛流传的杨式太极拳。杨式太极拳的特点是拳架舒展优美、身法中正、动作和顺、平正朴实、刚柔相济且一气呵成。

杨露禅和杨班侯传授全佑太极拳，后全佑又传予其子吴鉴泉。他们父子二人共同钻研多年，对他们原本所学的杨式太极拳进行改编，形成了现今小巧紧凑、速度均匀、斜中寓正，以柔化著称的吴式太极拳。

武禹襄师从陈清平，学习赵堡架式，后在此基础上创编了具有"姿势紧凑、动作舒缓，步法严格分虚实，腹部进退皆旋转，身体中正，用内动的虚实来支配外形（叫内气潜转），左右手各管半边，不相逾越，出手不过足尖"等特点的武式太极拳。

后武禹襄传予其外甥李亦畬，李亦畬传予郝为真，郝为真传予孙禄堂。在学习太极拳之前，孙禄堂已然是形意拳、八卦拳大家，具备深厚的武术功底。在郝为真向他传授太极拳后，孙禄堂将三种武术融合，形成了当下的孙式太极拳。其特征是进退相随、舒展圆活、动作灵敏，转变方向时多以开合相接。

当下各式太极拳各具特色，但皆主张"松练"，渐成刚柔相济状态。在2021年，薛文传等研究者正式提出"健身养生太极拳"的概念。他们认为，健身养生太极拳旨在通过养生达到健康的目的，这是它与传统太极拳和竞技太极拳的本质区别。

太极拳原仅于陈家沟陈氏家族中习练，后陈长兴及其侄儿开门授拳于外姓人，陈式太极拳开始传向社会，广泛流传。杨露禅和陈清平在异地教习太极拳，为各式太极拳的衍化奠定了基础，正式揭开了太极拳社会化的序幕，形成了当下以五大流派为主导的太极拳繁荣的局面。太极拳主要沿由技击转向健身养生这一主线演化，由最初跳跃、旋转、发力等刚硬动作逐渐转变为柔和、缓慢的动作，形成了技击与健身养生并存的格局。

5.4.3 太极拳健身养生理论探索

太极拳充分汲取中华优秀传统文化与运动智慧，形成了形神兼备、动静有度、养练结合的运动特质，具备"柔和缓慢，重意念以敛神气，动形体以行气血，调气机以养周身"等传统养生特性。其与洗髓经、易筋经、五禽戏等一样，皆属以动养生的范式。古语有云："形不动则精不流，精不流则气郁。"这或者是太极拳健身养生的重要理论支撑之一。炼形是太极拳的基础，追求"借强筋健骨以涵养五脏六腑，而五脏六腑又催生气血以滋养筋骨"，有别于西方体育对肌肉厚度等的追求。近年来，太极拳的健身价值及其不治已病治未病的强体防病功效，受到越来越多人的关注。另一重要理论支撑可能是适度运动。我国古代早有"人体欲得劳动，但不当使极耳"和"养性之道，常欲小劳，但莫大疲及强所不能堪耳"的观点。在太极拳运动中，要求做到"行圆体松"。不管是动作大小、节奏快慢，还是空间制约，均需"非圆即弧，触处成圆"，这与传统中医经络学原理相符。在中医经络学中，每条经络皆首尾相接成圆。以"圆""融"为技法特征的太极拳，采用了充分尊重人体运行规律的运动方式，故而具有良好的健身养生效果。在太极拳运动中，松肩、松肘、松胯等成为基本要求，动作"松沉"的前提是沉肩、坠肘，在"松"的基础上形成节节贯串的势正招圆动作，使人周身与自然融为一体，气血沿着人体经络、血管鼓荡，为其营造健康、无压力的"周流无滞"环境，促进气血循环。此外，太极拳健身养生功效或许是因为在长期有氧运动中深层肌肉得到锻炼，从而形成了更为紧实、功能更强的机体。例如太极拳运动强调"腰不动，手不发""劲起于脚，行于腿，主宰于腰，形于手"等,通过以核心控制为中心的螺旋运动方式和肢体末梢控制的方式,增强核心控制能力。众多学者的研究发现,心血管疾病、代谢功能性疾病、免疫机能降低等疾病与核心控制关系密切,似乎可证实这一机制的存在。

5.4.4 太极拳健身养生实践发展

全球公共健康卫生是众人关注的焦点。诸多国家和地区在公共健康卫生领域投入大量人力、物力,致使部分国家(地区)呈超负荷运转的状态。为解决公共健康卫生问题,公共健康卫生领域专家对太极拳产生了浓厚的兴趣。太极拳源自中国,是中国人智慧的结晶,因其独特的运动模式,对全球公共健康卫生发挥着推动作用。这已被社会各界所证实。当下,太极拳已然跨越国界,正为全球公共健康卫生事业拼搏奋进,数亿人借此获得了更优渥的生活。

5.4.4.1 太极拳用于干预精神、行为障碍及神经系统疾病的有效性检验

在当今社会心理健康问题已成难题,且呈上升之势,尤以新冠疫情暴发后为甚。有研究对美国成年人进行健康访谈调查,结果显示,与 2018 年健康访谈调查样本相较,2020 年 4 月美国成年人符合严重精神困扰标准的高出 8 倍(2020 年为 27.7%,2018 年为 3.4%),符合中度或严重精神困扰标准的高出 3 倍(2020 年为 70.4%,2018 年为 22.0%),而年轻人群体的差异更为显著。心理健康问题不断增多,引起了我们的高度重视。因具有促进健康的功能,太极拳被广泛运用。当下,太极拳对心理疾病的干预已普遍施用于各类人群,诸如大学生群体、老年人群体、女性群体等。牛蔚林等(2005)通过对 192 名大学生予以太极拳训练干预,发现其可促进受试者心理健康状态朝良好方向发展,对抑郁症状、焦虑症状、恐惧症状和心理障碍等具有显著的调节与治疗作用,且其干预效果与习练的持续时间和次数相关。Chen 等(2021)探讨了太极拳对于老年人心理健康问题的影响,发现其能够减轻焦虑,缓解抑郁和减轻压力,增强肺与心血管功能,提升免疫力并提高生活质量。Zhu 等(2018)针对女性群体展开研究,发现太极拳练习对女性提高睡眠质量、防治抑郁和促进健康有积极影响。当前,太极拳在心理方面的应用主要涉及解决社会心理健康问题、压力管理、情绪管理、焦虑和抑郁、睡眠障碍、心理治疗药物功能强化、认知功能、帕金森病、创伤性脑损伤等。众多研究表明,太极拳对人们的心理健康意义重大,可作为心理问题治疗的补充剂。

5.4.4.2 太极拳用于干预肌肉骨骼系统和结缔组织疾病的有效性检验

肌肉骨骼系统和结缔组织疾病主要涵盖骨关节炎、纤维肌痛、骨质疏松症、慢性腰痛和颈部疼痛等，其中骨关节炎是常见的疾病之一，也是全球致残的主要原因之一。在美国，受骨关节炎影响的人数达 2700 万人之众，其相关成本每年约为 1885 亿美元。骨质疏松症在围绝期妇女群体中尤为普遍，主要会引发髋部和脊柱骨折，导致高发病率与病死率。慢性腰痛属于常见的肌肉骨骼损伤，可能由工作、运动期间抑或各种事故中的超负荷或不正确的运动模式引起。腰痛是致残的主要原因之一，也是全球疾病负担的主要因素。研究表明，骨关节炎、骨质疏松症、慢性腰痛等慢性疾病尚无特效治愈的方法，临床管理难度颇大。太极拳是中国古老的身心运动形式，诸多研究证实了其对治疗肌肉骨骼系统和结缔组织疾病（如骨关节炎、纤维肌痛和慢性腰痛）的有效性。常用于治疗肌肉骨骼系统和结缔组织疾病的太极拳包含杨式太极拳、陈式太极拳等，可改善骨关节炎患者的身体机能，缓解疼痛症状，增进动态平衡，降低跌倒风险，并提高患者的生活质量。此外，陈式太极拳每周练习 3 次，每次 60 分钟，持续 12 周，对神经肌肉功能有积极作用，可减轻非特异性慢性腰痛患者的慢性疼痛。

5.4.4.3 太极拳用于干预循环系统疾病的有效性检验

循环系统疾病亦称心脑血管疾病，主要包含高血压、慢性心力衰竭、冠心病、脑卒中、心肌梗死等。高血压是威胁人类健康的常见疾病之一，是导致心血管疾病、卒中和死亡的主要危险因素。近年来，循环系统疾病的发病率迅速攀升，在年轻人群中发病率亦逐渐增加。太极拳对治疗循环系统疾病有效，如杨式太极拳、吴式太极拳等。研究发现，24 式太极拳可促进高血压患者身心健康，降低患心血管疾病的风险，而中等强度练习 24 式太极拳还可降低血压水平、控制体重并提高高血压患者的新陈代谢水平与生活质量。为期 12 周，每周 2 次，每次 60 分钟的杨式太极拳运动能够提高慢性心力衰竭患者的生活质量与增强身体机能，并增强睡眠稳定性。对于冠心病患者，杨式太极拳可增强压力反射敏感性，108 式杨式太极拳能够提高峰值心率-压力积和峰值心率-压力积储备。此外，杨式太极拳可降低跌倒风险，提升习练者的认知能力，并改善脑卒中患者的睡眠质量和抑郁症状。另有研究表明，太极拳可提高脑卒中患者的站立平衡能力。由此可见，太极拳对高血压、脑卒中、冠心病、慢性心力衰竭等循环系统疾病具有积极效用。

5.4.4.4　太极拳用于干预呼吸系统疾病的有效性检验

呼吸系统疾病乃严重危害人体健康的常见疾病。慢性阻塞性肺疾病是一种进行性肺部疾病，也是全世界成年人的常见死因，主要表现为慢性咳嗽、咳痰、呼吸困难、喘息、胸闷等。当下，呼吸系统疾病的干预方法主要涉及药物治疗、肺康复和运动疗法。为期 12 周的杨式太极拳运动能够提升患者运动能力，减轻呼吸困难的症状，并提高呼吸系统疾病患者的生活质量。每周 2 次，每次 60 分钟的中等强度太极拳习练，持续 12 周，可提高呼吸系统疾病患者的运动能力、平衡能力和生活质量。

5.4.4.5　太极拳用于干预内分泌、营养或代谢疾病的有效性检验

代谢系统疾病对人类健康及生活质量影响很大，是全球瞩目的焦点所在。据流行病学调查，预计至 2030 年，此类疾病患者数量将攀升至 5.52 亿人。2 型糖尿病在全球糖尿病病例中占比逾 90%，给卫生健康系统造成沉重负担。再者，代谢综合征作为 2 型糖尿病与心血管疾病的一组风险因素，渐成全球性健康难题。每周进行 5 次中等强度的 24 式太极拳习练，每次时长 60 分钟，持续 14 周，是有益的干预方案，能优化习练者的血糖控制、甘油三酯水平，以及 2 型糖尿病患者的静息血压与心率。此外，太极拳能提升 2 型糖尿病患者的身体机能，强化血糖控制，缓解身体疼痛。

5.4.4.6　太极拳用于癌症的有效性检验

癌症为全球重大公共卫生问题，每年致使众多生命消逝。科学证据显示，运动是预防癌症发展的有效方法。多项研究指出，习练太极拳能够增强癌症幸存者的身体机能，改善生活质量。此外，为期 12 周，每周 4 次，每次 60 分钟的太极拳习练，可有效缓解肺癌患者的身体疲劳，增添活力。另有研究表明，太极拳是改善女性乳腺癌患者身心状态的有益运动。

5.5 太极小镇综合体推进路径

现今，我国施行乡村振兴战略，举全国之力全力解决"三农"问题，推动乡村全方位振兴。太极拳萌生于小乡村，逐步发展，从乡村扩至城市，由中国走向世界，堪称乡村发展的典范，已构建起完备的武学思想体系。如何施展太极拳的智慧，聚焦乡村的生产、生活、生态，助力乡村振兴战略，此议题值得深入探究。太极小镇的建设恰是与新时代新要素相契合的新发展范式，亦是当代太极拳武学思想的一种综合运用，为社会发展贡献了绵薄之力。

特色小镇指的是聚焦特色产业与新兴产业，集聚发展要素，有别于行政建制镇和产业园区的创新创业平台。太极小镇是我国特色小镇的重要构成部分。在生态功能方面，太极小镇呈现出生产空间、生活空间、生态空间高度融合的非建制聚居形态特征，具备特色产业作为自身发展的动力支撑，拥有宜居的生态环境以及能满足人们需求的高品质生活。太极小镇以太极为载体，以优良的生态环境建设及完备的公共服务设施供应为基础，聚焦产业发展要素，创新产业发展模式，是文化、旅游、康养、科技等产业融合发展的空间区域，是创新创业的发展平台，是人与自然和谐共处的聚居地。太极小镇的建设目标在于达成社会、经济和生态的协调统一，其具有生产空间的高效性、生活空间的宜居性、生态空间的秀美性等特征，基于乡镇内生动力和市场机制"自组织"产生，重点推进小镇的生态建设、市场建设及传媒建设。

太极小镇以太极为载体，融合多种元素进行建设。在建设过程中，首先要保留其原本风貌，涵盖当地的自然、人文特征和国家意志以及太极技艺；其次要与时代相融合，做到传统与时代相融合，既有传统的精粹又具时代的新颖，使之成为小镇的竞争优势，于乡村振兴战略中发挥应有的价值。笔者认为"共赢、共享、共创"是太极小镇建设的一种选择，建设集多种功能于一体的综合体，以诠释当代太极拳武学思想的时代应用。

5.5.1 共赢：一元多品互进式发展

建设体验经济实体。随着生活水平与质量的提升、个性的舒展与释放、对自我需求的关注以及对个人感受的重视，体验成为一种有价值的经济提供物并转化为全新商品。有需求便有产业的生成，强大的太极需求动力催生了强劲的太极产业链，涉及太极赛事、太极器材、太极文化等。伴随武术产业"以产养产"观念的深化，缺乏适宜的体验主题、体验产品单一且内容匮乏、推动产业增长的观念滞后等问题极大地制约了体验经济的发展。针对不同的消费人群，从体验经济的视角切入，亟须构建以关注体验为核心的太极小镇产业链，促成乡村产业升级。将太极小镇整体布局依照功能进行区域划分，涉及太极文化（如历史渊源、教育、太极书籍等）、太极物品（如太极服装、太极器械、太极场地、太极玩具等）、太极休闲娱乐（如太极电影、太极游戏等）、太极康养、太极健身、太极技艺传承、太极赛事等七大鲜明的主题，形成区与区之间有所隔断但又完美融合的令用户满意的体验经济，打造集游、学、乐、养于一体的主题鲜明且用户满意的消费格局。

建设健身养生消费品牌。太极拳属于一种武术，武术的本质在于技击。随着社会的发展，曾经以技击为唯一追求的太极拳产生了功能的转变，除了原有的技击功能外，还衍生出了健身养生的功能。其对人体的功效已为众多专家所证实，其中既有基于中医养生体系的阐述，例如大小周天、穴位等，又有基于西方人体科学进行的验证，比如肌肉功能、心血管功能、循环功能等。研究者从不同角度针对不同人群展开研究，结果表明太极拳具有独特的健身养生功能。太极拳拥有极为丰富的健身养生思想，因而可对其进行塑造形成独特的健身养生品牌。一方面，是为了与其他健身养生品牌加以区分，便于有需求者进行鉴别。另一方面，形成有影响力的太极拳健身养生品牌，扩大品牌效应，既能产生固有价值收益，又可能产生品牌溢价，进一步推动太极拳的发展。

建设格斗技击消费品牌。太极拳技击消费品牌建设的显著特征就是保留太极拳技艺的原汁原味。太极拳的内涵伴随着社会的变化持续演变，形成了以技为本、多维度发散的态势。当下，太极拳技击功能的留存较为薄弱，不少练习者仅练习套路，甚至部分太极拳教授者本身就不了解太极拳技击的内涵，致使太极拳技击内涵逐渐被人为消解。在传承中要尊重传统、忠于传统、坚守传统，不懂太极技击本质的太极拳家并非合格的传承人。太极拳名家马虹，秉持"尊重传统，忠于传统，专一持恒地、原原本本地、老老实实地继承和弘扬……保证原汁原味地代代相传"的武学传承观，主张保持拳术的原汁原味。太极小镇的建设必须抓住这一本质特征，以太极技艺的原汁原味为着力点，突出太极技击功能，打造小镇的核心功能区。当然，此处的"原汁原味"并非有的人所理解的"一成不变"，也并非指某些人肆意添加元素并冠以新的拳种之名来呈现。前者固化了"原汁原味"，后者曲解了内涵，二者均非真正意义上的原汁原味。原汁原味并非"一成不变"，在武学技击传承上承认差异，继承传统又超越传统，既保有传统武术的优秀思想，又汲取众家之长。任何功夫都需博采众长，不可固守门户之见，既要保持其独特风格，又要摒弃自身的缺点，吸纳他人的长处，从而令自身内涵更为丰富。这是太极拳格斗技击消费品牌形成的基础，也是相较于日本合气道、巴西柔术、韩国跆拳道等品牌的差异所在，从而保留最为纯正的"太极味"。

建设娱乐休闲消费品牌。太极拳是集技击、健身、艺术于一体的杰出拳种。在当代，太极拳恰似盛开的繁花，表现形式极为丰富，既有偏重实战的陈式太极拳，注重追求平稳境界的杨式太极拳，又有以柔美著称的和式太极拳等。当代太极拳的艺术功能实现了质的飞跃，也提升了其娱乐休闲品牌塑造的可能性。首先，太极拳常常以圆融为追求，在内劲的运行中追求"非圆即弧"，形成了圆融之美。其次，太极拳以劲力贯串，追求的是"节节贯串"，内劲一旦发动，则如流水，中间从不间断，形成一幅内在劲力持续且流畅的身体动态画面。因此可基于太极拳的内涵，满足当下人们休闲娱乐的需求，形成娱乐休闲的太极消费品牌。

5.5.2　共享：优势资源融合式发展

政府主导的建设格局。政府主导小镇建设属于国家顶层设计，主要通过政策引导、规划先行、示范推进的形式推动全国乡村建设的发展。其中党和政府制定了有关乡村振兴战略的各项政策，以"试点—扩围"的方式自上而下推动乡村建设。太极小镇的保障体系是建设的重点，是政府发挥主导性功能的重要体现。配套基础设施(如医疗、教育、交通、排水等设施)、相应标准体系考核体系以及实施动态考核评价体系这三部分共同构成了太极小镇保障体系，是政府进行基础保障，对相应入驻企业等实施强有力监督，形成井然有序经济市场的关键。

多元主体参与的建设格局。乡村建设所涉及的问题广泛且较为复杂，在政府财政紧张、乡村力量发展受限的情况下，越来越多的社会资本投入乡村建设之中。随着国家集体经营性建设用地入市、鼓励和引导城市工商资本下乡等政策的施行，乡村建设开始迈向市场化。太极小镇作为非建制集合体，吸引了社会精英、企业等外部力量以及本地村民等内部力量通过不同方式、从不同层面自上而下深入乡村建设，合力推动更优的乡村聚落的形成。

参与主体太极化。太极小镇的建设离不开政府的主导，也离不开社会各界人士的参与，但参与主体的决策人必须了解太极拳。一个小镇的建设是一个系统工程，需要在各个层面进行设计，设计决策至关重要。倘若作为参与主体的决策人完全不懂太极拳，则可能导致小镇建设的异化。例如技击功能区的建设，若安排一个舞蹈表演者，可能造成技击功能区的舞蹈化，与表演区重合。因此，作为参与主体的决策人必须深刻把握太极元素，确保太极因子的深入渗透。

三方人才培养。市场在资源配置中起决定性作用，意味着能由市场形成价格的都交付市场，要放开竞争性业务，推进公共资源配置的市场化，政府不得进行不当干预。当然，政府在市场经济中并非不管不顾，而是要更好地改进和完善有效的政府职能和宏观调控体系，为市场经济的良好有序发展保驾护航。太极小镇作为一个非建制聚落，应当遵循市场发展的规律。在市场经济的背景下，太极小镇将科研机构、高校人才、研究成果输出作为小镇发展的原动力；同时，太极小镇为高校、研究机构提供相应资源。通过整合资源，形成"太极小镇–高校–研发机构"互动式发展的合作模式。习近平总书记在2021年5月中国科学院第二十次院士大会中指出："当今世界的竞争说到底是人才竞争、教育竞争。要更加重视人才自主培养，更加重视科学精神、创新能力、批判性思维的培养培育。"特色小镇的目的在于推进产业转型升级，而转型升级的基础是技术创新，技术创新的关键在于人才。学校作为我国人才培养的高地，理应以提升人才培养质量来推动社会发展。我国学校人才培养逐渐显现出弊端，开始受到社会的质疑甚至诟病，批判性思维缺失、学科知识单一、阅读能力不足等问题严重影响了我国人才培养的质量。太极小镇与学校合作，开展订单式的人才培养，使学校人才培养更满足社会需求，以高素质专业人才完成太极小镇的转型；在学校人才产出的同时引进相关社会专业人才充实学校人才库。太极小镇的发展原动力具有动态变化的特点。把握太极小镇与时代的动态平衡是保持太极小镇可持续发展的重点。科学研究是指对一些现象或问题经过调查、验证、讨论及思维，然后进行推论、分析和实验验证，以获取客观规律的过程，它对企业的创新发展具有不可或缺的作用。对太极小镇与科学研究互进模式的探索，建立科研机构和科研人员与太极小镇的协同创新机制，共同推动太极小镇的创新发展，成为太极小镇建设的不竭源泉。在太极小镇的发展中，应搭建良好平台，提供丰富资源，促进科研机构从单纯的技术型研究机构转型为技术、经济兼顾的研究机构，促进科研成果的转化。应通过订单式科学研究，时刻保持太极小镇人才的更新迭代，使其不被时代所淘汰。例如在太极的康养主题下，通过前沿的科学研究，将其成果应用于太极小镇康养主题的升级，以产生更好的康养效果，形成更具核心影响力的康养品牌。通过科学研究的保障，太极小镇反哺科学研究，促进二者的良性循环，持续为乡村振兴贡献力量。科研机构与学校相结合，实现优势互补，相互促进，进而推动太极小镇的发展，是太极拳武学思想中"融合"的具体体现，形成三方共赢的格局。

社会人文涵养。太极拳历史悠久，扎根于我国文化的沃壤，是我国优秀传统文化的载体，蕴含丰富的文化内涵。随着我国经济的迅速发展，人们已不再满足于物质生活需求，而是追求更高层次的精神文明需求。太极拳正因这一需求而兴起，因此在太极小镇的建设中，如何展现太极丰富的文化内涵，以满足人们在精神、文化方面的需求，成为太极小镇发展的又一重要途径。我国传统文化的核心是儒、释、道。太极拳作为民族发展的杰出产物，受到儒、释、道文化的涵养。在太极小镇的建设过程中，着力于与当地人文资源相结合，注入太极因子，将特色的太极因子与整体的地域人文相融合。既突出太极小镇的人文特色，又依托地域特色，立足乡土，对当地的民族文化、传统节庆娱乐活动等历史文化资源进行挖掘、保护、融合，营造出内涵更为深厚丰富的文化氛围，打造和谐的人文生态圈。例如焦作温县陈家沟在进行乡村建设时，打造了太极人物雕塑、拳理刻画、表演广场、人文博物馆等。独特的地域文化与太极元素相结合，形成了太极特色小镇的灵魂。

5.5.3 共创：强根固本内生式发展

科技融合创新。科技乃时代进步的源泉，太极小镇的建设与发展离不开科技。太极拳最初仅有拳术，其后随着科技的发展，逐渐形成了太极剑、太极棍等。在太极拳的研习中，不排斥科技的协助。例如在过去，以口口相传为主，而后以著书为有效途径，之后又有了视频等。在太极拳的传承中，科技引发了其发展变化。太极小镇的建设，与科技相融合，形成体验更为丰富的小镇。例如，与当下热门的 AI 相结合，提供智能化服务，提升服务效能和客户体验。

技艺融合创新。太极小镇是以太极为载体，既有传统传承又博采众长的新时代小镇。特色小镇的出现是新时代的创新体现，融合了新时代的发展元素。推动既有商业活力又具美学特征的小镇发展，是城乡融合发展的新范式，是乡村振兴的新选择。太极小镇是一种非城非村的非建制集体。在其内容构建上，文化与技艺齐头并进。文化发展个性化，尊重建设原址的文化，传承原有文化并植入太极文化，形成独特的"原生文化+太极文化"的文化圈。在技艺选择上，采用"原汁原味"的传统技艺，同时不拘泥于太极拳，积极与其他武术交流，如苌氏武技、长拳、猴拳等，甚至是国外的一些元素，如西点军校格斗术、韩国跆拳道、泰国泰拳等，不断融合他人的优点，形成博采众长的太极传承技艺，构建一个既源于传统又赋予现代化内涵的动态鲜活的现代式太极拳。

媒体融合创新。2019年1月25日，习近平总书记强调："推动媒体融合发展，要统筹处理好传统媒体和新兴媒体、中央媒体和地方媒体、主流媒体和商业平台、大众化媒体和专业性媒体的关系，不能搞'一刀切''一个样'。要形成资源集约、结构合理、差异发展、协同高效的全媒体传播体系。"太极小镇是一种特殊商品，其品牌符号的构建应遵循一般商品符号意义的构建规律。商品生产者通过广告系统或者时尚系统为商品附加文化含义，赋予其超越物质的价值。媒体是实现信息从信息源传递到受信者的一切技术手段，包含承载信息的物体和储存、呈现、处理、传递信息的实体两层含义，主要具有监督与纠正不良现象、协调社会关系、传承文化、提供娱乐、引导大众、传播资讯等价值。通过媒体的传播，将商品价值扩大化。太极小镇在建设之初就要明确自身功能——是集生态、生产、生活等于一体的集聚体，媒体的介入，会使太极小镇更突出自身的时代价值。传统媒体与新媒体均有自身的优劣势，若单独使用，会限制太极小镇品牌的传播，因此融合传统媒体及新媒体的全媒体成为新的选择。将太极小镇与媒体融合，构建"1+1>2"的传播方式，探寻纵深式发展路径，形成太极小镇话语品牌，助力新时代乡村发展。

附 录

附录一　太极拳武学思想代表性人物传承图(部分)

　　本附录仅对部分太极拳代表性人物(附图 1)予以梳理,主要依凭武学传承,或许与其他研究中的传承体系存在冲突。于某些传承体系之中,可能掺杂了基于血缘关系的传承脉络梳理[例如二人系父子关系,即便不存在武学传承,出于对血缘关系的尊重,也将其父亲(或直系亲属)列为上位传授者],也可能是以某一位师父作为传承脉络来梳理(该太极拳家由不同师父传授,但其自身或者后人出于某种原因,仅将其归入其中一位师父门下,诸如朱天才、王西安等师出陈照丕和陈照奎,通常情况下仅将其归至陈照丕名下),甚至可能出于特定目的而刻意套用传承……因此,太极拳传承脉络的梳理可能呈现出一定的差异。

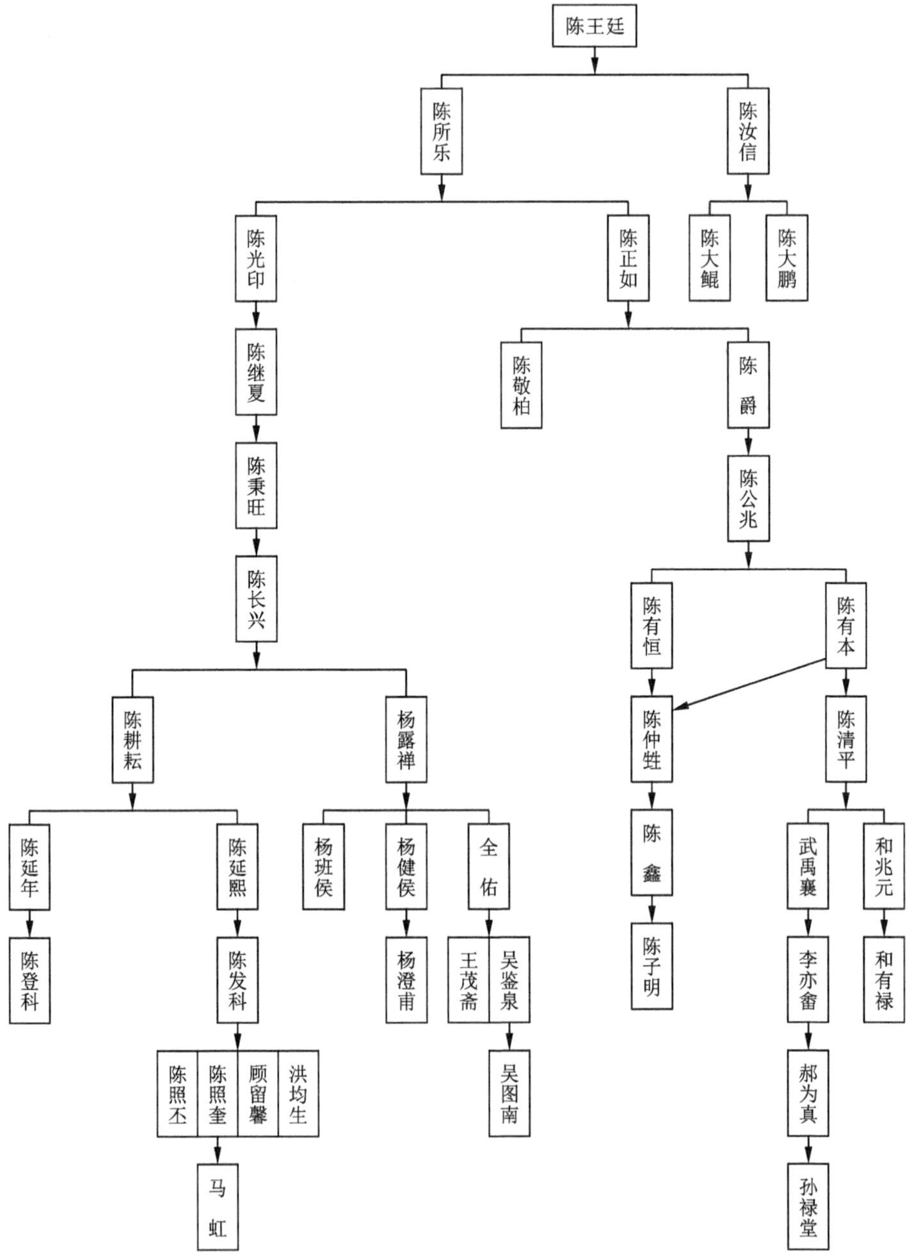

附图1 太极拳武学思想代表性人物传承图(部分)

附录二　太极拳代表性传承人物

太极拳发展过程中，涌现出了众多杰出的传承人。鉴于当前众多研究者已对太极拳名家展开了梳理，笔者认为世界太极拳蓝皮书《世界太极拳发展报告（2019）》中有关太极拳名家的梳理简洁明了。因此，本书以此世界太极拳蓝皮书中太极拳传承代表人物的相关资料为基础，查阅了陈式太极拳、杨式太极拳、武式太极拳、吴式太极拳、孙式太极拳等五大流派的相关资料，进而完成了对人物传承的整理。在此需要指出的是，本附录在太极拳传承代表人物的整理中，仅涵盖了五大太极拳流派的代表人物，未涉及其他流派的卓越人物。

同时，练习太极拳者可能存在同时（或先后）师从多名师父（老师）学习拳术的情况，其中可能存在多名教授者所授拳种各异，或者多名教授者属于太极拳中的不同流派，抑或多名教授者为太极拳中同一流派的同代传承人（教授者为师兄弟等），甚至可能为同一流派中的不同代传承人（可能为师徒等）的情况。本附录可能仅对其中一种传承人身份予以梳理。诚然，这种梳理方法存在一定的局限性，但笔者认为以这种方式对太极拳名家传承进行梳理更为直观。下文涉及的代表性传承人物均未分先后。

1　陈式太极拳传承脉络及代表人物

陈式太极拳的创始人是明末清初河南温县陈家沟人陈王廷。

陈王廷（1600—1680），河南怀庆府温县常阳村（后改称陈家沟村）人，其在继承家学的基础上，创立了陈式太极拳。据《陈氏家乘》记载：陈王廷，字奏庭，为明末清初陈家沟陈氏第九世，明朝时为武庠生，清朝时为文庠生。其祖父陈思贵、父亲陈抚民，皆喜好拳术并习武。陈王廷自幼习文练武，文武双全，擅长拳法，武功深厚。青年时身披坚甲、手持锐器，在豫鲁晋一带走镖，声名远扬。因参加武举考试引发命案，终与仕途无缘。明朝灭亡后，时局动荡，政治混乱，陈王廷报国无门，心灰意冷，晚年归隐乡里，潜心收集、钻研民间武术。他依据太极阴阳转换之理以及《黄庭经》等的导引吐纳之术和中医经络学说，重点继承并弘扬戚继光载入《纪效新书》的"拳经三十二势"长拳等多种武术，加之自身平生习武的感悟，创建了陈式太极拳，亦称陈氏太极拳或陈家太极拳。

陈式太极拳第二代代表性传承人主要有陈所乐、陈汝信等。

陈所乐(1625—1704),陈家沟陈氏第十世。他平日在村中设帐授徒,陈氏子弟跟其学武者众多,主要有其子侄陈光印、陈正如、陈恂如、陈申如等。

陈汝信(1630—1711),陈家沟陈氏第十世。他勤奋刻苦地练习,功夫日益精湛,深得陈王廷的喜爱。其子陈大鲲、陈大鹏皆获得其真传,名震江湖。

陈式太极拳第三代代表性传承人主要有陈恂如、陈申如、陈正如、陈光印等。

陈恂如(1635—1713)、陈申如(1635—1655),陈家沟陈氏第十一世,为陈所乐的孪生子,自幼随父习拳。

陈正如(1650—1730),陈家沟陈氏第十一世,师承陈所乐,精于108式太极长拳。陈正如教子严格,授徒有方,其弟子陈敬柏和其子陈廉、陈爵、陈义、陈静等皆闻名于世。

陈光印,陈家沟陈氏第十一世,师承陈所乐,其弟子陈继夏等闻名于世。

陈式太极拳第四代代表性传承人主要有陈敬柏、陈继夏等。

陈敬柏,字长青,陈家沟陈氏第十二世。其拳艺高超,擅长运用"靠"。

陈继夏,字炳南,陈家沟陈氏第十二世。师承族叔陈光印,善于运用"肘"。以为人磨面为生,借推磨来磨炼内劲。因平日善于用肘,与陈敬柏齐名,有"陈继夏肘,陈敬柏靠"之誉。

陈式太极拳第五代代表性传承人主要有陈公兆、陈秉奇、陈秉壬、陈秉旺等。

陈公兆(1715—1810),字德基,陈家沟陈氏第十三世。乾隆六十年(1795),陈家沟85岁的陈善和88岁的陈毓英奉旨至京参加千叟宴。二人返乡时巡抚、知府为二位老人上门挂匾,不料鞭炮声中一头惊牛直冲人群而来,绿营兵将不知所措。危急关头,80岁的陈公兆将牛掀翻在地,巡抚、知府、绿营兵将和围观群众无不钦佩敬仰。至今,陈家沟还流传着他的"养生歌诀":"三十年不停拳,三十年不饱饭,三十年独自乐,三十年独自眠。"

陈秉奇、陈秉壬、陈秉旺三人是堂兄弟,明嘉靖年间人。陈家沟陈氏第十三世。三人自幼拜族叔陈继夏为师,学习家传太极拳术。习练五年扎基功夫过后,陈继夏将三人分开,分别传授技击、点穴、卸骨绝技。后三人将拳技尽传于秉旺之子长兴。

陈式太极拳第六代代表性传承人主要有郭永福、陈长兴、陈有恒、陈有本等。

郭永福(1736—1796)，本名陈有孚，陈家沟陈氏第十四世，其父陈永兆，母亲郭氏。因其在温县打死一名恶霸，于乾隆三十五年(1770)逃往山西省洪洞县苏堡镇，改名郭永福。郭永福是陈氏太极长拳的主要传人。

陈长兴(1771—1853)，字云亭，陈家沟陈氏第十四世。他秉承家学，功夫深厚，练拳行走时身正合一，人称"牌位先生"。他在陈王廷所传套路的基础上精心提炼归纳，创编出陈式太极拳大架一路和二路(又名炮捶)。其弟子中著名的有陈耕耘、杨露禅。

陈有恒，生卒年月不详，字绍基，男，道光初入庠，河南省温县陈家沟人，陈家沟陈氏第十四世，太极拳第六代传人。其父便是勇斗疯牛的陈公兆。受业于其父，对太极拳深入钻研，拳术精湛。曾走镖于甘肃、湖南等地，遭人嫉妒，被害受伤后，溺于洞庭湖中。

陈有本(1780—1858)，字道生，陈家沟陈氏第十四世。他在陈王廷所传套路的基础上，精益求精，创编了一套以"走立圆、走小圈"为主的套路，世人称之为"陈式太极拳小架"。陈式太极拳小架的师承极为严格，多在陈氏族内传授，鲜为人知，传播范围有限。

陈式太极拳第七代代表性传承人主要有陈清平、陈耕耘、陈仲甡、陈季甡、杨露禅等。

陈清平(1795—1868)，陈家沟陈氏第十五世，居住在陈家沟北的赵堡。自幼随陈有本习练陈式太极拳小架，结合自身的心得体会，在其师改进族叔套路的基础上再度改进，形成了与其师陈有本不同的太极拳小架套路。人们称其师的小架为"略"，称其小架为"圈"。陈清平的太极拳与陈家沟所传在拳架上有明显差异。因其在赵堡开馆授徒，后人称其所传为赵堡太极拳或太极拳赵堡架。陈清平的弟子中，以和兆元、李景炎、李作智、武禹襄、王赐信、任长春等较为著名。赵堡人和兆元创"代理架"，又称"赵堡快架"，即和式太极拳；辛堂村人李景炎创"圪颤架"，即"忽雷太极拳"；南张羌村人李作智创"权拖架"，又称"矮桩架"，即太极拳"腾挪架"；河北永年人武禹襄创武式太极拳；北冷村人王赐信创太极拳"忽灵架"；西辛庄村人任长春创太极拳"领落架"。武禹襄再传弟子孙禄堂创孙式太极拳。

陈耕耘，生卒年不详，字霞村，陈家沟陈氏第十五世，陈长兴之子。自幼习练家传太极拳，青年时已成名手，在同辈中出类拔萃。走镖山东，以惊人技艺威震贼胆。清光绪年间，山东莱州府百姓为其立碑。后袁世凯赴山东见碑，遣人来温县请陈耕耘教子侄，时耕耘已故去多年，遂聘陈耕耘子陈延熙。

陈仲甡（1809—1871），字志曛，又字宜篪，陈家沟陈氏第十五世。仲甡、季甡系孪生兄弟。自幼深受父陈有恒、叔陈有本的熏陶，对韬略无不精通。少年时与弟一同考入武庠，能使用和演练 15 千克左右的铁枪。

陈季甡（1809—1865），字仿随，陈家沟陈氏第十五世。自幼受父辈陈有恒、陈有本的影响，立志涉猎经史，研读兵书，钻研武学，少年时即与兄陈仲甡同入武庠。

杨露禅（1799—1872），本名福魁，字露禅，以字行世。清直隶省广平府永年县闫门寨（今属河北省邯郸市永年区）人。19 世纪初期，杨露禅跟随广平府太和堂东家陈德瑚到河南省怀庆府温县陈家沟，师从陈长兴学习太极拳。艺成后于京城授拳，逐渐改编拳套动作，形成了广为流传的杨式太极拳。

陈式太极拳第八代代表性传承人主要有陈鑫、陈延熙等。

陈鑫（1849—1929），字品三，河南省温县陈家沟人，清末岁贡生，是近代中国体育史、武术史上著名的太极拳家，也是太极拳理论的集大成者。著有《陈氏太极拳图说》四卷、《太极拳引蒙入路》（《陈氏太极拳图说》简明本）、《三三六拳谱》、《陈氏家乘》五卷、《安愚轩诗文集》若干卷等。陈鑫的弟子主要有陈克孝、陈克悌、陈克忠、陈克信、陈克礼、陈克义、陈克强、陈克良等。

陈延熙（1848—1929），河南省温县陈家沟人，陈耕耘次子。他自幼随父学拳，常常夜卧木凳，睡醒即练拳。耕读之余，教导子弟练拳。

陈式太极拳第九代代表性传承人主要有陈椿元、傅振嵩、陈发科、陈登科、陈省三、陈金鳌、陈克忠等。

陈椿元（1877—1949），河南省温县陈家沟人，原为陈鑫侄儿，因陈鑫无嗣，遂而为陈鑫嗣子。幼年随父习文练武，文武双全。1929 年前在湖南设馆授拳，收徒传艺，兼营生意。1929 年，陈鑫担忧所著《太极拳图画讲义》手稿散失，召其返乡里，授予手稿，叮嘱其妥善保存，并期望尽快出版。陈椿元于是舍弃在湘的一切，回到家乡，对陈鑫的手稿进行修订、补遗、整理，更名为《陈氏太极拳图说》，于 1933 年由开封开明书局出版。

傅振嵩（1881—1953），号乾坤，河南省泌阳县人。著名的武术教育家，太极拳家。早年于乡中习武，师承陈延熙、陈铭标等。1928 年应邀执教于南京中央国术馆,后又南下广州任教,培养了大批武术人才。综合各家特点,自创傅式太极拳、械套路。

陈发科(1887—1957),字福生,河南省温县陈家沟人,陈长兴曾孙,师承其父陈延熙,曾任北京武术社社长,为陈式太极拳新架的创编者。

陈登科,自幼谨遵祖训,刻苦练习太极拳,拳艺精湛。陈登科多年在陕甘一带经商授拳。

陈省三(1880—1942),河南省温县陈家沟人。自幼喜爱武术和文学。先师从太极拳名家陈延熙学拳 15 年,练就精湛技艺,后又师从陈鑫练拳习文。对太极拳大架、小架皆精通。

陈金鳌(1899—1971),字文斗,河南省温县陈家沟人。生于太极世家,系陈垚嫡孙、陈鑫侄孙,得家学真传,并以继承发扬太极拳为己任。参与修订《陈氏太极拳图说》一书,1928 年被河南省立中山大学聘请为武术教授,声名远扬。

陈克忠(1908—1966),字子纯,河南省温县陈家沟人。自幼随陈鑫学习陈式太极拳小架,拳艺精湛,深得太极拳、械套路的精髓。其师弥留之际,授以有关太极拳的文稿及《三三六拳谱》。

陈式太极拳第十代代表性传承人主要有沈家桢、陈照丕、陈照奎、洪均生、顾留馨、李经梧、冯志强等。

沈家桢(1891—1972),江苏省如皋人。1912 年南北议和后,在北平平汉铁路总局工作。1928 年 10 月,河南陈家沟的陈发科受聘于北平同仁堂药店传授拳法时,沈家桢通过属下介绍,拜陈发科为师学习陈式太极拳,先后达十年之久,深得陈式太极拳的精妙。他与武术界人士广泛交往,又常资助武术活动,被推举为北平国术馆名誉董事长。中华人民共和国成立后,任浙江建筑公司顾问工程师、杭州市政协委员、杭州市武术协会副主席,是《陈式太极拳》一书的作者之一。

陈照丕(1893—1972),字绩甫,河南省温县陈家沟人,陈登科之子。曾任全国武术协会委员,被授予"全国太极拳名家"称号。学拳于族祖陈延熙、陈鑫和三叔陈发科。1933 年任全国运动会国术裁判委员会委员和第二届国术国考评判委员会委员。著有《太极拳入门》《陈氏太极拳汇宗》《太极拳引蒙》等。

陈照奎(1928—1981),河南省温县陈家沟人,陈发科幼子。陈氏第十八代代表人物,陈式太极拳第十代传人,人称"神拳太保"。4 岁随父前往北平,7 岁从父学拳。他拳术的特点是拳势较低,手胸腰折叠,发劲较多,主要练新架(也有人认为陈照奎所传才是真正的陈式太极拳老架），难度较大，精于擒拿、闪、战、弹、抖。1935 年始从父陈发科习练家传拳术。1942 年，陈照奎从北平市志成中学毕业后，在家中练拳并开始协助父亲授拳。20 世纪 50 年代初，陈照奎到北京市第五建筑工程公司材料科工作，工作之余，得机练拳，十分勤奋。1962 年，陈照奎应其父陈发科弟子、上海体育宫主任顾留馨之邀，前往上海市传授陈式太极拳术，后又到南京授拳。1963 年，辞去公职南下授拳，进一步推广陈式太极拳。1965 年 2 月，陈照奎返回故乡温县陈家沟，向陈照丕学习太极单刀、向陈克忠学习太极枪等器械套路，后又到北京市进行传授。1966 年，"文化大革命"开始后返回北京，并偷偷授拳。1973 年秋，陈照奎应温县陈家沟大队业余体校校长王西安及父亲生前好友陈茂森之邀，到陈家沟传授太极拳术。1974 年，应陈家沟业余体校及大队党支部之邀，再次回陈家沟授拳。1976 年，"文化大革命"结束后第一次到上海授拳。1977 年，在石家庄授拳。1978 年，第三次应邀到陈家沟授拳，待了四个多月。之后，开始在郑州、开封、焦作等地传授陈式太极拳新架一路、二路及推手技巧等。1979 年、1980 年到石家庄授拳。1981 年 5 月 7 日，陈照奎因脑溢血医治无效在焦作市矿务局第二医院病逝。

洪均生（1907—1996），籍贯为河南省禹县。幼年时随父寓居京城，因其身体屏弱，于 1930 年拜陈发科为师习练陈式太极拳，历时 15 年未曾间断，深得陈发科之真传。1956 年再度赴京拜谒其师陈发科，以求拳法之精湛和拳理之缜密，更获陈发科晚年拳术之技击要旨。经陈发科应允，遂将师授之技法融入套路之中，为后学者开辟了一条洞悉陈式太极拳技击奥秘的便捷途径，形成了陈式洪架太极拳。

顾留馨（1908—1990），上海市人，著名武术家。11 岁起即开始习武，于杨式和陈式太极拳及推手方面造诣颇深。1979 年当选为中国武术协会委员和上海市武术协会主席，后受聘为上海体育学院兼职教授。其著述主要为《简化太极拳》《太极拳术》《太极拳研究》《陈式太极拳》《怎样练习简化太极拳（附详图）》《炮捶——陈式太极拳第二路》等。

李经梧（1912—1997），山东省掖县过西村（今莱州市三山岛街道过西村）人。20 世纪 30 年代初，在北京先后向赵铁庵、杨禹廷、陈发科三位太极拳名家学习吴式太极拳和陈式太极拳。曾任北平太庙太极拳研究会理事。中华人民共和国成立后，积极投身于宣传、普及、推广国家编定的太极拳套路，开创了太极拳传承的崭新局面。

冯志强(1928—2012)，原籍河北省束鹿县(今辛集市)。8 岁开始练武，先后研习少林五桩拳、通臂拳、心意六合拳等，24 岁时师从陈发科学习陈式太极拳。为推广陈式太极拳，他结合多年教拳实践，萃取传统套路之精华，编创了《陈式心意混元太极拳教程》，深受中外太极拳爱好者的青睐。

陈式太极拳第十一代代表性传承人主要有陈立清、陈立宪、陈庆州、陈全忠、王西安、朱天才、陈小旺、陈正雷、马虹等。

陈立清(1919—2008)，女，河南省温县陈家沟人。曾担任陕西省西安市萃华武术馆馆长、名誉馆长，中国·温县国际太极拳年会副秘书长、顾问。中华人民共和国成立前夕迁至西安市，从事教育工作 40 余年，传播太极拳 60 年。著有《陈氏太极拳小架图说》流传于世。

陈立宪(1923—1983)，河南省温县陈家沟人，后迁居至今沁阳市。人称"三绝"(太极拳理论、正骨医术、建筑设计)。深悟祖传太极拳之精妙，功夫深厚纯粹，理论扎实渊博。他总结一生练拳经验，以现代科学阐释古老哲学，编著《陈式太极拳拳式讲解》一书，整理出《陈式太极拳练习要领》一书。1983 年，荣获全国优秀武术辅导员称号。

陈庆州(1934—2015)，河南省温县徐吕村人，为陈式太极拳"尊古老架"的传人。自幼体弱多病，先随父陈世恭习拳，后师承陈照丕，身体逐渐康复，故而精心研习武艺，刻苦练功，身怀绝技。发表过多篇有关太极拳的文章，著有书稿《陈氏太极拳行功太极球》，出版有《陈氏太极拳功夫荟萃》一书。

陈全忠(1925—)，河南省温县陈家沟人，1940 年举家迁往陕西省西安市。自幼传承家学，后拜陈守礼、陈敬平、陈金鳌为师。现为陕西省西安市武术协会委员和陈式太极拳研究会会长、中国·温县国际太极拳年会西安市分会会长，并兼任美国国际陈式太极拳协会，广东省广州市及河北省邯郸市等地太极拳组织的名誉会长、顾问等职。

王西安(1944—2024)，河南省温县陈家沟人，祖籍河南省荥阳市，1945 年随父迁居河南省温县陈家沟。自幼对武术满怀热忱，1963 年师从陈照丕学习陈式太极拳老架一路、二路，五种推手及刀、枪、剑、棍等器械，后随陈照奎学习新架一路、二路及单式擒拿技巧。其功夫具备迅猛灵脆、闪战惊弹等特点。

朱天才(1945—)，河南省温县陈家沟人。自幼习练太极拳，后拜族舅陈照丕为师，学习陈式太极拳老架一路、二路及各类器械和太极拳理论。陈照丕逝世后，又拜族舅陈照奎为师，学习新架一路、二路，太极拳推手和擒拿"走"

"化"技术，全面掌握了太极拳功夫。

陈小旺(1945—)，河南省温县陈家沟人。自幼习拳，后拜族伯陈照丕、族叔陈照奎为师，精通陈式太极拳理论、套路、器械、推手、散手，专职长期从事太极拳训练与教学工作。

陈正雷(1949—)，河南省温县陈家沟人。自幼习练祖传拳术，8岁拜族伯陈照丕为师，后又拜族叔陈照奎为师，精通陈式太极拳大架(老架)、小架、新架各种套路以及各种太极器械、太极拳推手和散手，刻苦钻研太极拳理论，功夫纯正，理论熟稔。

陈式太极拳第十二代代表性传承人主要有陈沛林、陈沛山、陈沛菊、王占海、王战军、杜鹏程、郑松波等。

陈沛林(1956—)，河南省温县陈家沟人。自幼受到优良的传统式家庭教育和习武环境的熏染，曾祖父陈铭三、祖父陈鸿恩、叔祖父陈鸿烈均为太极拳名家。儿时随父亲陈立宪和姑母陈立清习练家传陈式太极拳，深得真传，文武兼修，功夫纯正，精通陈式太极拳理论和经络、穴位、擒拿等实战技能，具有圆柔刚劲、轻灵敏捷等特点。

陈沛山(1962—)，河南省温县陈家沟人。自幼师从父亲陈立宪学习家传陈式太极拳及其理论、各种器械与实战推手，后承蒙姑母陈立清严格指导，深得其真传。其拳术具有舒展紧凑、发力强劲等特点，注重技击运用。他致力于太极拳健身与太极文化方面的研究。1992年创立了日本陈式太极拳协会，出任主席；2000年与胞妹陈沛菊共同创立国际陈式太极拳联盟(ISCT)，并担任主席。

陈沛菊(1965—)，河南省温县陈家沟人，5岁起随父亲陈立宪习练陈式太极拳，后蒙姑母陈立清教诲和指导。曾任河南省武术运动管理中心主任助理和副主任，兼任河南省武术协会副秘书长、河南省陈氏太极拳协会常务副秘书长、河南省非物质文化遗产保护工作专家委员会委员。

王占海(1968—)，原名王战海，河南省温县陈家沟人。自幼在父亲王西安的言传身教下苦练套路、揣摩实战，深得其真传。16岁首次参赛即斩获冠军，其后十余年间屡次在全国和国际性太极拳赛事中夺冠。现任王西安拳法研究会副会长及执行总教练、太极禅国际文化发展有限公司技术总监。

王战军(1974—)，河南省温县陈家沟人。自幼随父王西安习拳，学习陈式太极拳老架、新架、国家规定竞赛套路、所有器械、推手及散手，在实战方面造诣颇高，尤其擅长太极拳推手、擒拿技巧。自1988年起，多次在各类太极拳大赛中荣膺冠军，在全国武术锦标赛上蝉联冠军，荣膺 2008 年中央电视台康龙"武林大会"陈式太极拳年度总冠军，是吉尼斯世界纪录(丹田弹抖：2 千克重物弹出 102 厘米)的保持者。

杜鹏程(1961—)，江西宜春人。自幼习武，1986 年在南昌拜马虹为师，习练陈式太极拳新架一路、二路以及陈式太极刀、剑。1995 年率领宜春地区代表队参加江西省首届太极拳大赛，获得陈式太极拳个人比赛第二名，所在代表队获得项目第一名。1988 年开始传扬太极拳。现任宜春市太极拳协会主席。

郑松波(1971—)，师承马虹。运动医学方向博士，致力于太极拳的传播。

陈式太极拳第十三代以后(含)代表性传承人略。

2　杨式太极拳传承脉络及代表人物

杨露禅乃杨式太极拳之开山鼻祖，其祖籍为河北永年县闫门寨(今属河北省邯郸市永年区)，后徙居广府南关。杨露禅自幼尚武，16 岁时师从陈长兴学艺，艺成后声名远播。众人见其拳法动作绵柔却具有化解击敌的能效，纷纷称之为"绵拳""化拳""粘拳"，从学者众多，渐成风尚。杨露禅赴京教拳，门人众多，除其子外，著名的尚有凌山、全佑、万春等人。

杨式太极拳第二代代表性传承人主要有杨班侯、杨健侯等。

杨露禅育有三子，长子杨凤侯英年早逝，其余二子杨班侯、杨健侯乃杨式太极拳极负盛名的第二代代表人物。

杨班侯(1837—1892)，自幼习武天赋极高，习练拳法能举一反三，臂力惊人，善用散手，往往出手必中。其性情刚烈耿直，高傲孤僻，常与上门挑战者交手。在杨露禅进京授拳之后，班侯、健侯兄弟随其授拳。据《雄县刘武师传》记载，清护军营统领、公爵广科喜好技击，于香儿胡同设西厂，邀杨班侯授拳，后皇诰授予其"武德骑尉"之称号，赏戴蓝翎(武职正六品)。同治七年(1868)杨班侯返回永年广府，居家传艺。除与其父在京一同教授的凌山、全佑、万春，以及纪子修、侯得山等人外，杨班侯在永年尚有几位弟子：陈秀峰、张信义、冀福如、李万成、外孙白忠信等。杨班侯一生为杨式太极拳扬名立万，故而后人赞誉："杨露禅创天下，杨班侯打天下。"

杨健侯(1839—1917)，号镜湖，性情温和，虽武艺逊于其兄班侯，但武功亦臻精绝之境，其拳法"内似钢铁，外似柔棉"，刀、剑、杆等器械无一不精，周身皆能发力击人，蓄力发劲常在谈笑之间，擅长发射弹弓，百发百中。因其性格笃实温和，敏于教学，循循善诱，学生能豁然开朗，理术皆明。杨露禅逝世后，杨健侯接替父职，于京授拳。

杨式太极拳第三代代表性传承人主要有杨兆熊(少侯)、杨兆清(澄甫)、许禹生等。

杨兆熊(1862—1930)，号少侯，幼年随父杨健侯、伯父杨班侯习拳，功夫上乘，然性情类伯父杨班侯。平生刚勇好义，好打抱不平。其技击手法多变，步伐灵动，有"千手观音"之美誉。常在喜怒哀乐之际搭手发劲，触者即倒。杨少侯独特的"连打带摔"之教学方式致使许多人望而却步。故而其所教之学生不多，较为著名的弟子有吴图南、龙志学、马润之、田兆麟(后拜杨澄甫为师)、汪永泉(后拜杨澄甫为师)。其名声与弟杨澄甫齐名，晚年于南京谢世。

杨兆清(1883—1936)，字澄甫，人称"三先生"，性情极似其父杨健侯，温和谦善，聪慧绝顶，自幼受父亲教诲，日夜苦练，终负盛名。其体格魁伟，技击精湛，拳架"开展而柔顺，手法绵软而沉重，所谓丝绵裹铁弹，柔中有刚，好太极拳者均欢迎之"。1912年，太极拳开始向社会公开传播，29岁的杨澄甫于北京体育研究社、北京中央公园等地设立拳场，其间著名弟子有武汇川、田兆麟、牛春明、李雅轩、陈微明、崔毅士、张钦霖等人。1918—1928年，杨澄甫与陈微明、武汇川等众弟子相继南下，太极拳遂向南方传播。1928年，杨澄甫应馆长张之江之邀，赴中央国术馆担任太极拳教员。1929年，杨澄甫又应浙江省主席兼浙江国术馆馆长张静江之邀，任浙江国术馆教务长。1929年，浙江国术馆承办浙江省国术游艺大会，杨澄甫等26人担任评判委员。1935年，广东的陈济棠特邀杨澄甫南下广州教拳。其后因病返回上海。杨澄甫所处之时代，清朝覆亡，中华民国建立，思想空前解放。诸多饱学之士、社会精英渴求习练太极拳，拜于杨门之下，为梳理、阐发杨式太极拳理论发挥了关键作用。故而杨澄甫着手完善杨式太极拳理论体系之架构，将家传技艺传扬于世。杨澄甫系杨式太极拳之定型者及承前启后之人，对当代太极拳的发展影响至深。

许禹生(1878—1945)，字龙厚，曾修习多种拳械，后拜入杨健侯门下。是近代振兴武术与改革武术教育的先驱，杰出的武术理论家、教育家，终生致力于武术特别是太极拳的传播、发展与弘扬，推动传统武术纳入社会体制。其率先将传统武术与基础教育、实践应用相结合并培育出大批师资；在传播推广武术之时注重征集和收购"国术秘本"，对挖掘和保存传统武术文化贡献颇大。著有《太极拳势图解》《少林十二式》《罗汉行功法》等，其中，1921年的《太极拳势图解》是最早公开出版的太极拳读物，影响深远。

杨式太极拳第四代代表性传承人主要有杨振铭、杨振基、杨振铎、杨振国等。

杨振铭(1910—1985)，字守中，杨澄甫长子。8 岁始习练家传杨式太极拳，14 岁即解悟拳经，19 岁时成为杨澄甫的助教，由北至南，随父授拳。1949 年，移居香港，在香港授拳达 36 年，教学形式主要为一对一教学，未进行集体开班教学。在教学过程中，既重视合乎祖传拳规，又能因人而异，依据学员特点，口传身授，成效显著。杨振铭的著作主要有《双人图解太极拳用法及变化》(1962)，*Practical Use of Taichi Chuan*(1976 年波士顿及香港英文本)。

杨振基(1921—2007)，杨澄甫次子，行拳风格为中正舒展，轻灵自然。毕生致力于杨式太极拳的传承与推广，20 世纪 50 年代至"文革"前，主要受高层领导邀请至多地教拳；90 年代始教学，办班近 300 期，从学者众多。为确保杨式太极拳技术的准确性与正统性，于 1993 年由弟子严翰秀协助整理出版《杨澄甫式太极拳》，将祖传的《太极拳老拳谱三十二》公开。书中将杨澄甫《太极拳体用全书》和诸先师的太极精论附在后面，为杨式太极拳的练法提供了有力佐证。

杨振铎(1926—2020)，杨澄甫第三子，行拳风格是潇洒流畅，劲力雄浑稳健，独树一帜。自 20 世纪 60 年代后期起，致力于弘扬和普及杨式太极拳，1982 年 4 月，成立山西省杨式太极拳研究会(后改为山西省杨式太极拳协会)，当选为会长。同时倡导"天下太极一家亲"，为杨式太极拳在海外的传播作出了杰出贡献。教拳之余勤于著述，著有《杨式太极拳》(英文版)、《杨氏太极拳·剑·刀》，编著"太极名师经典"丛书中的《中国杨氏太极》，参与中国武术协会编写的《杨氏太极拳竞赛套路》，参与出版"中华武藏"系列中的《杨氏太极拳》等音像制品。现为中国武术九段，武林百杰，国家体育总局武术研究院首批专家委员会专家，2013 年被《中华武术》杂志评为"30 年最具武术影响力人物"之一。任国际杨氏太极拳协会董事会主席，山西省杨氏太极拳协会名誉会长，山西省武术协会杨氏太极拳研究会名誉会长。

杨振国(1928—2013)，杨澄甫第四子，获文化部(今文化和旅游部)授予的"国家级非物质文化遗产太极拳(杨氏太极拳)项目代表性传承人"称号，工作之余，以从事杨式太极拳的研究、交流和推广为主。他曾应台湾郑子太极拳研究会和时中学社邀请，赴台湾进行文化交流，引发了海峡两岸太极拳界的广泛关注。先后出版《杨氏太极拳精选套路》《杨氏太极拳三十七式》等，参与"中华武藏"系列之《杨氏太极拳》的拍摄，所演示的杨式太极拳被作为经典影像收录。

牛春明（1881—1961），先从杨健侯学拳，1902 年拜于杨澄甫门下，毕生传授杨式太极拳，创办了牛春明太极拳社，著有《牛春明太极拳》等。1960 年，中央新闻纪录电影制片厂联合浙江电影制片厂为牛春明拍摄太极拳个人专题纪录片《万年长青》。

王其和（1885—1932），字春山，河北省任县人。自幼酷好武术，先习练洪拳、三皇炮捶，师从郝为真习练太极拳，1914 年拜杨澄甫为师，并得到杨健侯、杨少侯的指教。1931 年，杨澄甫所著的《太极拳使用法》一书中，将王其和列入传人传承表中。其所传曾被称为"混合架""综合架""郝杨架"，后被确定为"王其和太极拳"，2014 年被列入国家级非物质文化遗产代表性项目名录，成为太极拳的一个重要流派。

田兆麟（1891—1959），少年时得到杨健侯亲传，1915 年拜于杨澄甫门下。1917 年杨健侯推荐其南下杭州教拳，其成为最早把太极拳传至南方的武术家之一。

张钦霖（1887—1969），习练多种拳术，1906 年拜于杨澄甫门下，毕生潜心授拳，淡泊名利，精通医道。

崔毅士（1892—1970），自幼习练多种拳术，1909 年拜于杨澄甫门下，拳、剑、刀、杆、推手等无一不精，毕生以授拳为业，弟子、学生众多，其中有多位国家领导人、驻华使节和著名作家、艺术家。

武汇川（1890—1936），先学习少林拳，后拜入杨澄甫门下，功夫全面，尤其善打手，擅于发寸劲。曾任山东国术馆教务长，1927 年在上海创办"汇川太极拳社"，传授杨式太极拳、器械、推手、散打等功夫。

李雅轩（1894—1976），曾习练少林拳、绵掌，1914 年拜入杨澄甫门下，曾在南京创立首都太极拳社。后定居成都，是太极拳在四川的开拓者与重要传播者。

陈微明（1881—1958），编纂《清史稿》学者之一。先从孙禄堂学习形意拳、八卦拳，又从李景林学武当对剑，后正式拜入杨澄甫门下。在上海创办致柔拳社，著有《太极拳术》《太极拳讲义》《太极剑》《太极答问》等。其中《太极拳术》一书由杨澄甫口授、陈微明笔录，为杨式太极拳的传承与发扬作出了贡献。

汪永泉（1904—1987），1917 年拜入杨澄甫门下。其拳架舒展、大方，形成了杨式太极拳汪传一脉(俗称"老六路"),其口述《杨式太极拳述真》由弟子魏树人、齐一整理出版,为杨式太极拳的理论研究作出了贡献,入室弟子有朱怀元、孙德善、高占魁等10多人。

褚桂亭(1892—1977),先后习形意拳、八卦拳、武当剑法等,1929年正式拜入杨澄甫门下。长期在上海传授太极拳。20世纪60年代参与"简化太极拳"的研讨、编写工作。其拳架风格轻灵、刚柔相济、虚实分明。

董英杰(1897—1961),先习练多种技艺,后拜入杨澄甫门下。曾协助杨澄甫教拳。1931年协助杨澄甫编著出版《太极拳使用法》,并著有《太极拳释义》一书。其传人遍及20多个国家和地区,是杨式太极拳在海外传播的重要力量。

吴志青(1887—1951),早年曾习弹腿、查拳等,1918年随杨澄甫精研太极拳。长期从事体育及武术教育工作,注重理论研究和正宗习练方法,著有《太极正宗》《太极正宗源流》等关于太极拳学术研究的重要著作。

叶大密(1888—1973),名寿彭,字祖羲,后改名大密。先后从田兆麟、孙禄堂、李景林等习练太极拳、八卦拳、武当剑,1928年后师从杨澄甫学习,并得杨少侯传授。在上海创办武当太极拳社,这是最早成立的以太极拳命名的社团组织。其拳势人称"杨式叶大密架太极拳"或"叶式太极拳",主要于上海、温州、嘉兴、杭州、黄山、广州等地传播,近年来传播至新加坡、马来西亚等国家。

吕殿臣(1886—1948),河北束鹿人。出身于武术世家,幼承家学,1924年进京经耿怡引荐,拜师于杨澄甫。弟子中得其传的只有王子和、马德芸、张君辉、萧锦城等几人。

郑曼青(1902—1975),1929年拜入杨澄甫门下,其"诗、书、画、拳、医"精绝,有"五绝老人"的美誉。除协助杨澄甫整理编著《太极拳体用全书》,极大地丰富了太极拳理论之宝库外,还是杨式太极拳在我国台湾地区以及美国传播的先驱。

曾昭然(1900—1995),又名曾如柏。先后习练多种拳术,1934年拜入杨澄甫门下系统学习太极拳。1960年,编著《太极拳全书》,由香港友联出版社出版发行。他是我国华南地区主要的太极拳传播者。

陈泮岭(1891—1967),字峻峰。曾习练多种拳术,先后从杨少侯、吴鉴泉、许禹生精研杨式太极拳。倡导武术教学方法的科学化、动作的标准化,著有《太极拳教材》。后至台湾,组织成立太极拳俱乐部,为太极拳及传统武术的传承作出了重要贡献。

傅钟文(1903—1994)，籍贯为河北永年广府南街，是杨澄甫的侄外孙女婿。傅钟文为上海精武体育总会常务理事，于1944年10月1日在上海创立永年太极拳社，培育了众多太极拳人才。中华人民共和国成立后，傅钟文出任上海武术队太极拳教练，并获贺龙元帅等领导接见。1979年当选为上海武术协会副主席，1988年被中国武术协会授予武术贡献奖，1992年应瑞士洛桑之邀，被国际奥委会授予奥林匹克奖章。傅钟文所著《太极刀》《杨式太极拳》经中国武术协会审定，成为杨式太极拳的权威范本，长盛不衰，且被译为英、德、法、西、日等多种外文版本。

赵斌(1906—1999)，河北省永年县(今河北省邯郸市永年区)广府镇人士，是杨式太极拳宗师杨澄甫的二兄杨兆元外孙。16岁毕业于永年师范讲习班，后获保送进入黄埔军校，为第六期炮科学员。毕业后，被派至西北杨虎城将军第十七军西北绥靖公署步兵训练班任武术教官，其后退出军界，定居西安。1984年创建西安永年杨式太极拳学会并担任会长。他数十年坚持不懈地自练与授徒，从学者不计其数，有力地推动了杨式太极拳这一珍贵文化遗产在西北地区的发展。

杨式太极拳第五代代表性传承人主要有杨志芳、杨军、杨斌、杨勇等。

杨志芳(1959—)，为杨振国之子。自6岁起随父杨振国及伯父杨振基、杨振铎学习祖传杨式太极拳。其行拳走架规范合矩，沉稳庄重、浑厚有力，颇具杨式太极拳大家风范。作为杨式太极拳第五代代表性传承人，杨志芳于2017年和2018年分别举办了首届及第二届全球杨氏太极拳文化节暨海峡两岸太极拳文化交流大会，获得世界各地杨式太极同人的极大支持与赞誉；在2008年和2014年两届邯郸国际太极拳运动大会上，两度被国家武术管理中心评为"太极名家"；2016年10月参加邯郸市第十三届太极拳大会，被授予"推介大使"称号；2018年10月26日于邯郸第十四届国际太极拳大会上，被大会组委会评为旅游形象大使；2018年11月被正式批准为河北省非物质文化遗产(杨氏太极拳)传承人。

杨军(1968—)，为杨振铎长孙，师从祖父杨振铎。作为杨式太极拳第五代代表性传承人，历经20年的不懈努力，杨军提炼出一套以"明理、知体、达用"为核心观念的精华教学体系，先后在全球24个国家和地区设立杨澄甫太极拳中心、附属学校和太极拳师范学院108个(所)，拥有注册教练近200名，弟子门生遍布世界 50 多个国家和地区。2014 年，杨军与保加利亚大特尔诺沃大学签署开设杨式太极拳硕士班的协议，传统太极拳不仅进入海外高等学府，还进入了独立下设专业的硕士教育体系中。2014 年，杨军被授予肯塔基联邦最高荣誉"肯塔基上校"荣誉称号。先后出版的协会电子杂志、电子英文版书《杨氏太极拳精要》《杨氏太极拳》《杨氏太极剑》《杨氏太极刀》《杨氏太极推手基础》《杨氏太极推手用法》的教学 DVD，被翻译成多种语言，深受全球拳友的广泛赞誉。现任国际杨氏太极拳协会会长，"一带一路"中国太极文化世界行讲师团成员，山西省非物质文化遗产杨氏太极拳代表性传承人。

杨斌(1972—)，为杨振铎次孙，师从祖父杨振铎。作为杨式太极拳第五代代表性传承人，现任山西省武术协会副主席、山西省杨氏太极拳协会主席，山西省太原市非物质文化遗产项目(杨氏太极拳)传承人。2009 年 11 月，杨斌创建教学基地传承传统杨式太极拳，首创渐进式、班级建制、循序教学模式，亲身施教，著书立说，自成体系。杨斌把"普及全民健身规范教学"和"师徒相传"两种范式相结合进行传播、推广，大力开展公益教学，着力培养各类师资力量，并在实践中秉持大道至简的理念。

杨勇(1978—)，为杨振铎幼孙，现任山西省杨氏太极拳研究会会长。自幼随祖父杨振铎修习家传杨式太极拳，多次参加长兄杨军举办的各类培训，2018 年担任山西省杨氏太极拳研究会会长。2018 年于青岛第八届全国杨氏太极拳邀请赛上担任组委会、仲裁委员会副主任。多年来致力于杨式太极拳的推广与普及，谨遵祖父训示，为弘扬太极、造福人类作出了重要贡献。

王子和(1911—2003)，名炬，字子和。曾修习多种拳械，后正式拜吕殿臣为师精研太极拳。其毕生致力于传承杨式太极拳，从科学化视角研究太极拳，著有《太极拳涵化文集》等。所传弟子众多，其中以邓时海及其所率台湾杨式太极武艺总会影响最为显著，并在欧美地区具备一定影响力，为杨式太极拳的海外传承作出了重要贡献。

顾留馨(1908—1990)，先后修习多种拳械，1927 年分别师从陈微明、武汇川修习太极拳。20 世纪 60 年代，国家推广太极拳运动，他提携众多民间优秀太极拳家并将他们推至历史舞台，曾在原杨、吴、陈、孙四家太极拳基础上力主增添武式太极拳，促进形成五大太极拳流派。同时，重视实用以及太极拳历史和理论研究，著有《简化太极拳》《太极拳术》《怎样练习太极拳》，参与编著《太极拳研究》《陈式太极拳》等，为太极拳的普及作出了重要贡献。

张玉(1909—1988)，字玺亭，为武汇川得意弟子。精于推手。长期从事太极拳教学与研究工作，并参与编撰《简化太极拳》《杨氏太极拳》《太极拳运动》等，为传统太极拳的传承与发展作出了重要贡献。

傅声远(1931—2017)，傅钟文之子。应澳大利亚太极拳爱好者、区政府邀请，成立傅声远国际太极拳学院，并担任西澳大学、麦道大学等高等学府的太极拳教练。1998 年被中国武术协会授予国际"武术推广奖"，并被评为中国武术八段，成为历史上首位被授予高段位的海外中国武术家。2012 年被意大利武术联合会授予武术九段。2013 年被《中华武术》杂志评为"30 年最具武术影响力人物"之一。著有《嫡传杨式太极拳教练法》《嫡传杨家太极剑》《嫡传杨家太极刀》《杨家传太极拳体用秘法》，以及《中华武藏·嫡传杨家太极系列》等 DVD 教学视频。

杨式太极拳第六代代表性传承人主要有赵幼斌、傅清泉等。

赵幼斌(1950—)，祖籍河北永年广府镇，7 岁起随父赵斌习拳。16 岁开始授拳，是国内外知名的杨式太极拳的继承者、传播者、太极拳活动家。2008 年 7 月，被国家体育总局武术运动管理中心、中国武术院、中国武术协会特聘为《中国武术段位制系列教程：杨式太极拳》的主要参编人员及教学演示者。现任中国体育科学学会武术分会委员；中国武术八段；陕西省太极拳委员会副主任；西安市武术协会副主席；西安永年杨氏太极拳学会会长；香港赵幼斌杨氏太极拳总会永远荣誉会长；泰国太极拳总会"终身贡献奖"获得者。其子赵亮，传承其衣钵，协助传播杨式太极拳。

傅清泉(1971—)，傅声远之子。5 岁起跟随祖父傅钟文和父亲傅声远学习杨式太极拳，17 岁在全国太极比赛中荣获太极剑冠军、太极拳亚军。18 岁入选国家队参加中日太极拳比赛，获得杨式太极拳冠军。1989 年，傅清泉随父赴澳大利亚授拳，协助其祖父和父亲在海内外推广杨式太极拳。出版有《嫡传杨式太极拳教练法》《杨式太极拳拳照图谱》《杨家传太极拳体用秘法》，以及《中华武藏·嫡传杨家太极系列》等教学视频。现任世界永年太极拳联盟副主席、精武体育总会杨氏太极拳总教练，澳大利亚傅声远国际太极学院院长。

杨式太极拳第七代以后(含)代表性传承人略。

3　武式太极拳传承脉络及代表人物

武禹襄（1812—1880），名河清，字禹襄，号廉泉，兄弟中排行第三，是武式太极拳的创始者。自幼喜好习武，起初练习洪拳，其后潜心钻研太极拳，终其一生未曾间断。依据王宗岳《太极拳论》，并结合陈清平所授的理法，潜心修炼，精心揣摩，且时常延请身强体壮、精通武技的壮士进行试招，以验证所学，历经十数年的修订与完善，终得彻悟，创就一套独具风格的拳势以及刀、剑、杆套路。在此期间，随时记录练拳感悟，提炼总结出《十三势行功要解》《太极拳解》《十三势说略》《四字秘诀》《打手撒放》等著述。其主要传人有李亦畬、李启轩等。

武式太极拳第二代代表性传承人主要为李亦畬、李启轩等。

李亦畬（1832—1892），名经纶，字亦畬，为武禹襄外甥。22 岁始从母舅武禹襄习练太极拳，终生钻研不止。其弟子有葛福来、姚洛朝、葛顺成、李洛同、魏庆祥、郝为真、王明德及其侄李宝相、儿子李宝廉、李宝让等。其中，郝为真、李宝让对后世传承贡献显著。

李启轩（1835—1899），名承纶，字启轩。为武禹襄外甥，李亦畬之长弟。喜好考据之学，淡泊名利，无意仕途，与其兄一同向母舅武禹襄学习太极拳，终生研习不辍。得其传承者有清河葛顺成、马静波，以及其子李宝琛、李宝箴、李宝恒。

武式太极拳第三代代表性传承人主要有郝为真、李宝相等。

郝为真（1849—1920），名和，字为真。初习洪拳、二郎拳，后跟随李亦畬潜心习练太极拳 20 余载，造诣精深纯粹。李亦畬视其为衣钵传人，赠予亲抄"老三本"之"郝和本"。郝为真曾在河北省立十三中学、永年县立高等小学担任武术教员，在永年、邢台、北京等地传授拳法。

李石泉（1873—1932），名宝廉，字石泉，为李亦畬长子。擅长刀剑、推手，却从不对外收徒，只在家教导李槐荫、李棠荫习文练武。

李逊之（1882—1944），名宝让，字逊之，为李亦畬次子。拳艺受父亲李亦畬指点，更多得益于其兄李宝廉、李宝相，深得家传。1937 年受挚友赵俊臣"胁迫"，始收赵蕴圆、刘梦笔、魏佩林、姚继祖 4 人为徒。虽传人仅 4 人，却因弟子魏佩林、姚继祖而影响广泛。

李献南（1865—1922），名宝琛，字献南，为李启轩长子，精通医道，常配制丸散膏丹，免费为他人治病。乡邻感恩其德，赠一匾（题匾：仙手佛心），悬于其门上。

李宝相，生卒年不详，名宝相，字辅吕，为李亦畲三弟李省三之子。他与郝为真同时师从李亦畲，自谓与杨班侯、郝为真相仿……他壮年游历燕郊、津门，到处拜访武林高手，名声远扬，堪称李氏又一代太极高手。

武式太极拳第四代代表性传承人主要有魏佩林、孙禄堂等。

由于武氏子弟多以该技艺自乐，故而第四代传人主要由李氏子弟和弟子、郝氏子弟和弟子构成，由此形成李氏传系和郝氏传系两支。

魏佩林（1913—1961），永年广府人，为李逊之弟子。佩林性情豪爽，为人正直，尊师爱友，深受众人敬重。佩林练拳极为刻苦，每日练习拳架，杆子不离手，每晚从师父家练拳归来后仍不休息，在自家院里一直练到后半夜，对一招一式反复琢磨，力求精湛，数十年如一日，将毕生精力全部用于练拳，因此领悟到武式太极拳的精髓。与人推手能够随心所欲，对手如同皮球一般可任由其摆布，身不由己。其传人主要有史三杰、陈令保、翟维传、杨法明等，其子魏高申、魏高义、魏高志深得家传。

姚继祖（1917—1998），字绍先，河北永年广府人。1924年跟随祖父学习太极拳，1927年读高小时跟随时任武术教员的郝月如学习武式太极拳，1932年入永年国术馆与韩钦贤等各派传人一同研习太极拳推手和器械。1937年师从李亦畲次子李逊之学习武式太极拳。1940年，经赵俊臣介绍，正式拜李逊之为师。留有手稿《太极锁钥》，著有《武氏太极拳全书》二书。1978年创办首家"永年县太极拳学校"；1981年在邯郸接待全日本太极拳协会访华团；1984年在武汉国际太极拳（剑）表演观摩会上被评为全国十三大太极名家之一。1990年向政府和有关部门建议举办大型太极拳联谊会并获采纳。1992年创办永年广府武氏太极拳研究会并担任会长。姚继祖弟子众多，著名的有金竟成、翟维传、胡凤鸣、钟振山、王印海、王元良、杨书太、李剑方、翟会传、姚志公、姚志平、崔志光、冀长宏等。

孙禄堂（1860—1933），名福全，字禄堂，晚号涵斋，别号活猴。河北望都县东任疃村人，清末民初享誉海内外的著名武学大家，堪称一代宗师，在近代武林中素有"虎头少保""天下第一手"之称，创立孙式太极拳。

李集五（1892—1943），名福荫，字集五。为李启轩之孙，李宝琛之子。自幼承家教，后又拜郝为真为师。1929年被民国永年县国术馆聘为教员。同年，将"启轩本"编排为《李氏太极拳谱》油印出版。1932 年倡议并集资建"太极酱园"。1935 年又与堂弟李槐荫将《李氏太极拳谱》重新编次，在太原出版发行。其子李中藩、李正藩、李公藩三人，均继承家学。

李子固(1893—1964)，名槐荫，字子固，为李亦畬之孙，李宝廉之长子。1932 年在太原参与发起成立山西省武术促进会。后又从永年、邢台两地聘请多位太极拳名师(如永年的韩钦贤、张振宗、李召荫、张旗，邢台的李香远等)会聚太原。主导献出家族藏拳谱，并亲自回永年与堂兄李福荫、李召荫协商，在山西出版了《李氏太极拳谱》，免费发放 10000 多册。

郝月如(1877—1935)，名文桂，字月如，为郝为真次子。自幼随父习拳，在师祖李亦畬蒙馆读书受益良多。历任山西大同镇署武技教员、江苏陆军第十九师第七十三团武技教员、永年县政府国术教授等职。1928 年筹建永年国术馆，任副馆长。从学者有魏佩林、姚继祖、翟文章、郝向荣、冀福如、申奎、夏建州、张信义、祁锡书等。1929 年 4 月 27 日受江苏省国术馆副馆长兼教务长孙禄堂之邀至镇江，任该馆教习。1930 年赴南京教拳，从学者有江苏张士一，陕西冯卓、徐震、吴知深等名士。1935 年春被中央大学聘为国术教授。著有《武式太极拳要点》《操手十五法》《太极拳的走架打手》《舍己从人》《武式太极拳身法要点》《太极拳义》等文。

郝砚耕(1904—1947)，名文田，字砚耕。自幼随父郝为真习拳。1929 年，任永年国术馆教员。1932 年，与亲友共同集资，开办了太极酱园。郝砚耕搜集、整理了大量的太极拳史料及武河清、武汝清、李亦畬等前辈遗文。

王其和(1885—1932)，字春山，邢台任县环水村人。自幼酷爱武术，先练习洪拳、三皇炮捶，被京都会友镖局聘为镖头，后拜郝为真为师，学拳 6 年，后还曾随杨澄甫习拳。在常年习练武式、杨式太极拳的基础上，王其和通过多年的潜心研练，根据自身体悟，默默揣摩，将几位大师所传拳艺融会贯通，逐渐形成一套独具特色的太极拳套路——经过百年传承，2014 年被列入国家级非遗项目，确定为"王其和太极拳"，成为太极拳的一个重要流派。

李香远(1889—1961)，名景清，字香远，乳名宝玉，邢台会宁村人。初随任县刘瀛洲习练三皇炮捶，后经刘瀛洲推荐，至杨兆林门下习拳，后又拜郝为真为师。1923 年击败邢台驻军师长胡景翼，声名大振。他辗转苏州、南京、山西、河北等地授拳，有"太极圣手"之称。

武式太极拳第五代代表性传承人主要有郝少如、钟振山等。

郝少如（1908—1983），名梦修，字少如。河北永年广府人，郝月如之子。6 岁开始学拳，受祖父和父亲双重指导，深得家传。1930 年南下协助父亲教拳，后经张士一介绍到上海新亚制药厂传拳，1933 年在武进正德学社和私立上海中学教拳，1937 年在上海发起成立郝派太极拳社。1961 年复出，应著名太极拳研究家顾留馨的邀请，在上海体育宫开设武式太极拳学习班。1963 年出版被后世称为经典之作的《武式太极拳》一书，将长期以来的"郝派太极拳"称谓更名为"武式太极拳"。郝少如弟子众多，有郝吟如、孙懋令、吴声远、刘积顺、葛楚臣、胡庆祥、张金华、李伟民等。

吴文翰（1928—2019），河北南和人。长期从事政法教育工作。幼年师承李圣端。先后任《武术健身》杂志特邀编辑，《武魂》杂志编委，《中国太极拳》杂志编委，《太极》杂志特约编委，《香港武艺》杂志顾问，发表文章近 200 篇，被誉为"武林一支笔"。著作有《武派太极拳体用全书》《吴文翰武术文存》等。

翟维传（1942—），河北永年广府人。国家级非物质文化遗产传承人、中国武术八段、精武百杰、中国老年人体育协会太极拳专项委员会专家、河北省武术协会专家委员。12 岁开始习拳，师从魏佩林、姚继祖，终生刻苦钻研，成就斐然。著述丰富，先后发表论文 30 余篇；著有《武式太极拳述真》《武式太极拳术》《传统武氏太极拳丛书》《中华太极系列丛书》等书；出版音像教学片《武氏太极拳》系列光盘、《中华太极》系列 DVD、《太极拳之身法、功法、心法、用法》DVD 等。先后前往我国香港、澳门地区以及马来西亚、日本、韩国等授拳，曾到北京大学、北京理工大学、浙江中医药大学讲学。曾任河南大学、邯郸学院、焦作师专和韩国掤捋挤按太极拳学校客座教授，2012 年在天津开办了维传武氏太极会馆，2016 年在杭州开办了真源养生太极生活会馆，2018 年与其子翟世宗在广府开办永年禹襄太极研究院。

钟振山（1948—），河北永年广府人。中国武术八段。13 岁拜姚继祖为师。多次受国家体育、文化部门邀请，以武式太极拳名家身份参加各种大型太极拳活动，在美国参加国际太极拳论坛时被授予"肯塔基上校"荣誉称号。撰写论文《太极拳的听劲与懂劲》《浅谈太极拳的保健与技击》等 20 多篇，曾为《中国杨式武式太极拳中小学经典教程》副主编，参编《武式太极拳竞赛套路》，执笔《中国武术段位制系列教程：武式太极拳》等著作。多次培训邯郸市骨干体育教师，有力推动了武式太极拳在邯郸市中小学的推广；多次受邀到北京大学、清华大学、北京外国语学院(今北京外国语大学)、北京中医药大学、长江商学院等高校教授武式太极拳。

武式太极拳第六代以后(含)代表性传承人略。

4 吴式太极拳传承脉络及代表人物

全佑(1834—1902),满族,清顺天府大兴县(今北京大兴区)人士,其家族素以武功闻名。青年时为端王府护卫,师从杨露禅,后以授拳为业。全佑的太极功夫纯正且全面,离开旗营后,先于提督衙门当差,而后设馆于清廷督察御史、九门提督之家——北京东城水磨胡同的惠宅前院。惠家属满族马佳氏族,惠新吾是马岳梁的五伯父。彼时全佑所传为杨式拳架,其为人和善,天性温和,在教拳过程中不断弘扬自身特点,渐而形成以柔化为主的风格。至清光绪年间,全佑的拳路已脱离杨式风格,孕育出吴式太极拳的雏形。全佑与人推手较技时必让人三招,这是吴式太极拳推手"君子之风"的滥觞。全佑收徒甚严,入门弟子不多,除其子吴鉴泉外,其大弟子王茂斋是其义子,郭松亭是其外甥,夏公甫、常远亭、齐阁臣、刘采臣、英杰臣等人大都为武将出身,且多数是吴鉴泉的结拜兄弟。

吴式太极拳第二代具有代表性的传承人主要有吴鉴泉、王茂斋、郭松亭、常远亭、齐识平、夏公甫、刘恩绶、英杰臣、刘采臣等。

王茂斋(1862—1940),名有林,山东莱州人,年少时入京成为学徒。其后他在北京东四钱粮胡同开办了一个"同盛福"麻刀铺。前院门市为店面,后院货场可容纳二三十人练拳。这个货场于是成为全佑弟子及再传弟子聚集练功之地,店铺的收益为吴式太极拳的发展提供了资金支持。在同盛福,王茂斋、吴鉴泉和郭松亭三人历经十年光阴,齐心协力钻研拳艺、整理拳理,对全佑所传拳架予以适当的修饰与改造,使其成为架势小巧、规矩严整、动作细腻柔和、体态松静自然的套路,每一招、每一式皆在其弟子身上试用,由吴鉴泉、王茂斋二人演练并口述,郭松亭记录且编成歌诀,最终定型为吴式太极拳。这套拳动作细腻柔和,每个动作均具有健身与技击的功效。

吴鉴泉(1870—1942),满族,名爱绅,为全佑之子,承家学,武艺精湛,得太极拳之精髓,是吴式太极拳的定型者之一,将太极拳传至大江之南,是吴式太极拳第二代宗师。

郭松亭(1872—?),又名郭芬,满族,全佑外甥,以教书为业,喜爱拳术,拜全佑为师，是吴式太极拳的定型者之一，后协助王茂斋授拳。

吴式太极拳第三代具有代表性的传承人主要有吴英华、马岳梁、王历生、杨禹廷等。

彭广义（1890—?），河北任丘人，师承王茂斋。1929年出版《太极功同门录》，1933年出版《太极拳详解》。

刘光斗（1912—?），山东蓬莱人，师承王茂斋。10岁起始习武，17岁考入北平朝阳大学后便开始教拳，1932年在西安禁烟局工作，并在陕西国术馆任职。1936年经杨虎城推荐，应张之江邀请担任中央国术馆教练。抗日战争期间，在山东蓬莱被日伪抓捕入狱，1940年于天津失踪。刘光斗的后传弟子有刘晚巷、刘焕烈等。

徐致一（1892—1968），浙江余姚人，著名太极拳家。曾担任中国武术协会第一届和第二届委员，师从吴鉴泉习太极拳。其于1958年出版的《太极拳（吴鉴泉式）》，在20世纪60年代被国家体委确定为吴式太极拳的代表作品。1980年人民体育出版社将陈、杨、吴、武、孙各式太极拳合编为《太极拳全书》重印出版。吴式太极拳能于武林立足，徐致一功不可没。徐致一早于1927年出版《太极拳浅说》，1933年又出版《太极拳图解》，1958年出版《太极拳（吴鉴泉式）》。1959年举办第一届全运会，徐致一是武术竞赛的五名负责人之一，20世纪60年代曾任北京市武术协会副主席，成为吴式太极拳第三代代表人物。徐致一的弟子有白玉玺、武淑清等人。

杨禹廷（1887—1982），名瑞霖，北京人，为王茂斋的得意弟子，著名太极拳教育家。自幼习武，先后习练过长拳、弹腿、黑虎拳、形意拳、八卦拳，青年时便在京城享有盛誉。1916年，拜于王茂斋门下，专攻吴式太极拳。1940年王茂斋逝世后，由其执教于北平太庙太极拳研究会，直至1951年拳场移出太庙，迁至中央公园十字亭。杨禹廷一生勤奋好学，刻苦钻研，形成了独具特色的拳架：呈川字步型，虚实分明，轻柔细腻，形意并重。1961年出版《太极拳动作解说》，成为北方吴式太极拳的典范，在国内外广泛流传，对吴式太极拳的发展影响深远。20世纪60年代杨禹廷曾任北京市武术协会副主席，北京市东城区政协委员，他执教长达70年，从学者数以万计，入门弟子40余人，使吴式太极拳传遍祖国各地。其弟子中诸多成为当代中国武术名家，如北京的王培生、李秉慈、翁福麒，河北秦皇岛的李经梧，邯郸地区的赵安祥，辛集地区的冯子英，辽宁丹东的王辉璞，抚顺的赵任情，香港的马有清等。杨禹廷于1982年逝世，享年 96 岁，是太极拳界的长寿者之一。

王历生(1908—1980)，又名王悦，山东省掖县(今莱州市)大武官村人，自幼跟随伯父王茂斋习练吴式太极拳，深得家传吴式太极拳之真谛，19 岁至哈尔滨经商时开始传播吴式太极拳，后于 20 世纪 60 年代初创建了历生拳社，是王茂斋的重要传人。王历生在哈尔滨共培养弟子数十人，主要有王彦、王金城、李承祥、赵学武、杨国选、毛希丰等。

吴英华(1907—1996)，女，满族，8 岁正式习武，经其父吴鉴泉严格训练 10 年，拳架、推手、器械样样精通。她全面继承了吴式太极拳，盘架姿势精准、功架稳重、轻灵圆活，自然松静，在吴鉴泉众多传人中极具典型性与规范性。1926 年，受西门子洋行之邀前往上海教拳，是首位将吴式太极拳传播至上海的人。1928 年吴鉴泉应邀至上海教拳，她担任助教。1933 年上海鉴泉太极拳社成立，吴鉴泉任社长，她任副社长。1980 年复社后，她担任社长，有力地推动了吴式太极拳的发展。她长期从事教拳工作，学生有数千人，培养出一批吴式太极拳的后起之秀，如施梅林、金叶、马江豹、马江麟等多名运动员，他们多次荣获全国太极拳比赛冠军。1984 年上海市体委为表彰她与马岳梁对我国传统武术所作出的贡献，报请上海市政府批准她与马岳梁同为上海文史馆馆员。1993 年，中国武术协会聘请她与马岳梁为中国武术协会名誉委员。吴英华和马岳梁共同出版了《正宗吴式太极拳》《吴式太极剑》等著作。她的主要弟子有马海龙、马江豹、马江麟、钱超群、施梅林、金叶等 50 多人。

马岳梁(1901—1998)，字嵩岫，满族，北京人士，师承吴鉴泉，是继承与发扬吴式太极拳的代表人物。毕业于协和医学院，先后于北京协和医院、上海中山医院(今复旦大学附属中山医院)、红十字会医院等单位任职。他一生致力于医疗卫生事业，同时对吴式太极拳倾注了毕生情感。马岳梁自幼学习三皇炮捶、通臂拳、查拳、摔跤等传统武术，而后拜入吴鉴泉门下学习太极拳，并与吴英华结为伉俪。马岳梁拳艺精湛，功力深厚，一生传功授业，主要著作有《吴鉴泉氏的太极拳》《太极拳详解》等。

吴式太极拳第四代具有代表性的传承人主要有刘晚苍、李经梧、王培生、李秉慈、王辉璞等。

王培生(1919—2004)，名力泉，号印诚。生于河北武清，幼年随父迁至北京。1931 年师从杨禹廷学习吴式太极拳，并受其师爷王茂斋指点达 8 年之久，精通八卦掌、形意拳、弹腿、八极拳、通臂拳以及道家、儒家、佛家气功，擅长吴式太极拳推手，且以实战技击闻名，是太庙太极拳研究会“五虎上将”之首。日本《阿罗汉》杂志将其列为中国十大武术家之一。1947年参与组建北平汇通武术社，担任副社长一职。1954年创建群众武术社，并出任社长。1953年创编吴式太极拳37式，开创了简化太极拳之先河。自1953年起，担任全国武术比赛的评判员、裁判员、仲裁委员。20世纪50—60年代，一直在国家机关、大专院校教拳。1982年参加全国武术工作会议，1982年杨禹廷逝世后，被推举为北京吴式太极拳掌门人。1984年北京武协吴式太极拳研究会成立，任副会长，1989年升任会长，1994年担任名誉会长，同时为北京市武术协会委员。他理论造诣深厚，主要著作有《吴式太极拳》(中文版、英文版)以及《太极推手》《吴式太极剑》《太极功及推手精要》《健身祛病小功法》《三才门乾坤戊己功功谱》《八卦散手掌》《吴式太极拳诠真》《太极拳的健身和技击作用》等。传子王乃洵、王乃昭、王乃祥、王乃春、王乃军，入门弟子有200多名，主要有骆舒焕、刘峻襄、陈兴波、高壮飞、曾维祺、张耀忠、张全亮、关振军、刘庆奎、金满良等，传人有李和生、周世勤、赵芹、马金龙、纪有文、文升兰、陈玮、周生等，他们在国内外具有广泛的影响力。

王辉璞(1912—1995)，山东文登人，杨禹廷弟子，与王培生合著《吴氏太极拳三十七式行功图解》。1983年6月在丹东成立吴式太极拳研究社；1984年1月15日，在北京市武术运动协会的支持下，曹幼甫、刘晚苍、王培生、李经梧、王辉璞、冯士英、戴玉三、柳恩久、李秉慈、翁福麒等王茂斋传人，即吴式太极拳第三、第四代门人发起成立了吴式太极拳研究会；1984年6月在河南郑州成立吴式太极拳研究会。

吴图南(1885—1989)，蒙古族人，原姓乌拉汗，生于北京，师承吴鉴泉，后拜杨少侯、张策广为师，涉猎多门武功。曾担任全国武术协会委员、全国武术学术委员会委员、北京市武术协会副主席等职务，1980年被聘为北京市文史研究馆馆员。他的著作有《科学化的国术太极拳》《弓矢概论》《国术概论》《太极拳之研究》等。

曹幼甫(1906—1988)，名钢，北京人。幼时热爱武术，曾向多位名拳师学习武艺，精通数门拳术。20世纪30年代初，拜王茂斋为师习练太极拳，勤奋钻研。曾担任北京吴式太极拳研究会第一任名誉会长。20世纪60年代退休后，坚持传播太极拳。他凭借精湛的拳技功夫、渊博的武学知识以及历经半个世纪的武途经历，被誉为“武林活字典”。其传人主要有葛润江、柳恩久、果毅、刘俊仁、李益春、徐裕才、李振海等。

刘晚苍(1905—1990),名培松,字晚苍,山东蓬莱人,师承刘光斗,学习弹腿、长拳、八卦拳、形意拳、太极拳等。曾任北京市武术协会第二届委员会委员和第三届委员会顾问,1984年出任北京吴式太极拳研究会首任会长。他一生热爱武术,精通八卦拳、太极拳与教门弹腿,尤其太极拳推手技艺精湛。1974年在与来访的日本武术代表团进行技艺交流时,被尊称为"中国刘"。主要著作有《太极拳架与推手》。传人有赵兴昆、王举兴、马长勋、赵德奉、刘光鼎、刘培一、刘培俊、刘培良、张楠平等。

李经梧(1912—1997),山东莱州人,师承赵铁庵、杨禹廷、陈发科、胡耀项、王子英。1959年起就职于北戴河气功疗养院,曾担任河北省人大代表、秦皇岛市政协常委、北戴河区政协副主席、河北省省运动医学会理事兼副秘书长、秦皇岛武术协会主席等职务。李经梧对陈、杨、吴、孙各派太极拳皆有深入的研究,博采众长,20世纪50年代受国家体委之邀拍摄了全国第一部太极拳科教片。到北戴河工作后,他积极推广和普及太极拳,为全国各地培养了一大批师资和骨干,从学者逾万。主要著作有《李经梧传陈吴太极拳集》《太极内功》等。传子李树椿、李树俊,传人有王大勇、梁宝根、吕德和、徐翔、冯益健、秦文礼、张玉琮、刘玉兰、冯志明、谷平海、左志强、单颖、梅墨生等。

翁福麒(1931—),满族,辽宁辽阳籍。其师为杨禹廷,曾随李耀庭习练形意拳,向高紫云学习太极拳,跟张童僧学习浑圆功、形意拳与八卦拳。翁福麒曾任北京市吴式太极拳研究会副会长兼秘书长。1957年,为杨禹廷整理出首部著作《太极拳动作解说》。1982年,于北京东城武术馆传授太极拳与左手纯阳剑。自1990年始,在北京中医药大学义务授教吴式太极拳,深受学生喜爱并获校方赞誉。他的著作有与李秉慈合著的《杨禹廷太极拳系列秘要集锦》《吴式太极拳拳械述真》以及《太极拳至理臻法》,还拍摄了《吴式太极拳》电视教学片。其传人包括刘空、吴凌云、王邦博、丁德光、张斌、丁宇、张瑞峰、韩优莉、张晗睿、李成龙等。

李秉慈(1929—2022),北京通州人。年少时因体弱多病而习武,是太极拳名家杨禹廷的入室弟子,亦师从多位名师习练查拳、大悲拳、形意拳、八卦拳等。1956—1963年,多次参与各级赛事并获拳、器械等优秀奖。1980年参与北京市东城区武馆的创建,并先后担任教务长、副馆长之职。曾任中国武术协会委员,国家级裁判,北京市武协吴式太极拳研究会副会长、会长及名誉会长,获中国武术八段段位，1995 年被中国武术协会、国家体委武术运动管理中心授予"中华武林百杰"称号。李秉慈从事武术教学、训练、调研、评审、裁判等工作 40 余载，培养出诸多优秀运动员，如刘伟、宗维洁、景德敏、吴阿敏、童红云等，他们多次荣获全国太极拳锦标赛吴式太极拳冠军。李秉慈与师弟翁福麒合著《杨禹廷太极拳系列秘要集锦》《吴式太极拳拳械述真》，个人专著有《吴式太极拳拳照图谱》《吴式太极拳十三式》及《太极拳全书》中的吴式太极拳部分，曾参与《四式太极拳竞赛套路》《42 式太极剑》及推手教程的编审、录像工作。其传人有染秀珍、王秀清、魏东振、刘德启、严祥苟、王文、王革、闫莉莉、肖泽鸿、刘伟、宗维洁等。

吴式太极拳第五代具有代表性的传承人主要有关振军、刘伟等。

关振军（1944—），北京房山人，毕业于首都师范大学及中国人民大学，为北京市人民检察院高级检察官。曾担任北京吴式太极拳研究会第五届、第六届会长。擅长太极拳推手，弟子众多，著述丰富。他是郑时敏、王培生两位大师的入室弟子，被誉为中华优秀太极人物及太极拳优秀推广人。

刘伟（1967—），师承李秉慈，现任北京市武协吴式太极拳研究会会长，系国家级社会体育指导员、国家级武术裁判员。曾连续九届获得全国武术比赛吴式太极拳冠军，多次受中国武术协会及地方武术协会之邀，前往全国各地以及日本、新加坡、澳大利亚等国进行太极拳讲学与交流活动，参与太极拳段位制评定，培训全民健身社会辅导员等活动，著有《吴式太极拳标准宝典》。

吴式太极拳第六代具有代表性的传承人主要有赵泽仁等。

赵泽仁（1951—），北京人，中国儿童电影制片厂导演。12 岁起习武，16 岁师从骆舒焕学习内家拳法，18 岁又得其师爷王培生亲传，推手功夫高超。先后于 2016 年、2019 年两度赴美讲学，技击功夫在海外享有盛誉，被欧美多家武术团体聘为高级顾问。曾整理出版王培生武学系列影像资料。近年来发表20 余篇太极拳理论文章，并与张云合著出版逾百万字的专著《说手——太极拳静思录》。

吴式太极拳第七代以后（含）的代表性传承人略。

5　孙式太极拳传承脉络及代表人物

孙禄堂历经对形意拳、八卦拳、太极拳数十载的朝夕演练、潜心揣摩与体悟，将三派拳术融合归一，创立了孙式太极拳。孙禄堂一生沉浸于易理、算术、奇门遁甲、道家修养及武学的钻研之中，品德高尚。他游历四方，无门派之偏见，听闻有技艺精湛者，必前往拜访。与人切磋50余年，未尝有败绩，却从不自傲。因其屡次挫败日、俄等多国大力士，一时声名远扬，蜚声海内外武术界。时任奉天(今沈阳)督军的徐世昌，邀其成为幕府成员之一。后又入职总统府担任校尉承宣官，被授予六等文虎章。1928年，年近古稀的孙禄堂应南京中央国术馆馆长张之江、副馆长李景林将军之邀，携弟子杨世恒赴任南京中央国术馆武当门门长。凡有申请到此任教者，李景林皆委任孙禄堂审定取舍。孙禄堂勇于担当，对自视甚高却无实学之人坚决不录用。虽胸怀坦荡，但难免遭人嫉妒，人事纷扰，不胜其烦。同年底，转赴江苏镇江任民国江苏省国术馆副馆长兼教务长。1933年夏，孙禄堂辞去职务，回归家乡，仍不忘传授武学，创立了民国蒲阳国术研究院，开课授徒。1933年12月离世。其著有《形意拳学》《八卦拳学》《太极拳学》《拳意述真》《八卦剑学》等。

孙式太极拳第二代具有代表性的传承人主要有孙存周、孙剑云等。

孙存周(1893—1963)，名焕文，号二可，河北完县(今河北顺平县)人，乃孙式太极拳创始人孙禄堂之子。自幼受家教熏陶，6岁起随父习武，然因其父孙禄堂常年外出，父子二人相见甚少，故真正开始学武是在其16岁之后。孙存周经数年习练，深得太极、形意、八卦诸拳之精髓，形成了具备自然、简约、圆融、致用、中庸五大特性且极具实践性的武学体系。武术大师刘子明曾言："孙存周之武艺不仅全面且精深，已臻神明通玄之境，其艺难以言述，于乃父之外，中外各家，余所目睹者，其艺为最。"

孙务滋(1899—1922)，名焕敏，孙禄堂之季子。5岁入私塾，8岁进国立小学堂，11岁与其二兄孙存周一同随父学习武艺。其聪慧过人，对拳术领悟极佳。19岁入上海太仓中学教授英文、西式体操与国术。不久后，考入留美预科。1922年夏，因教学意外，不幸身亡，年仅23岁。孙务滋自幼接受中、西方两套教育，思维豁达，文武双全，其太极拳、形意拳、八卦拳皆承其父之要旨。孙禄堂师弟李甚慰道："老三得着我师哥真传了。"奈何天妒英才，致使孙式太极拳痛失一位优秀的传承人。

孙剑云(1914—2003)，为孙式太极拳创立人孙禄堂之女。曾任北京市武术协会副主席、北京市武术协会孙氏太极拳研究会会长等职务。在1995年全国首届"中华武林百杰"评选活动中荣膺"中国当代十大武术名师"之一，并被中国武术院聘为特邀研究员。孙剑云天赋异禀，幼承家学，无论拳术、剑术，只需观摩三遍，便能熟记于心。17 岁时随父上任，担任女子班教授。曾师从李景林习练武当剑法。在致柔拳社成立六周年庆祝大会上，与父亲、兄长一同表演八卦剑法，深得赞誉。时人评价曰："得其父之神。"中华人民共和国成立后，孙剑云积极投身武术推广事业，多次出任全国和北京市武术比赛的裁判、裁判长。1957 年，她于全国武术表演赛大会上，被聘为名誉国家武术裁判；1959年，在第一届全运会上，成为我国首位女裁判；1962 年，在北京市高校运动会上，担任副总裁判兼裁判长。孙剑云的武德和武学，在武术界均有良好口碑，享有颇高威望。她于 1979 年当选为北京市武术协会副主席；1983 年当选为北京市武术协会形意拳研究会会长；同年，北京市武术协会孙氏太极拳研究会成立，她出任首任会长。

齐公博（1875—1960），字德厚，号老旺，河北完县人。自幼对武术怀有浓厚兴趣，然初始资质稍显愚钝，历经数年不懈努力，终得开悟，成为一代武术大家。1930 年春，齐公博与孙振川一同前往江苏国术馆担任国术教习，获誉江苏馆"八大金刚"之一。其后受聘于河北省立医学院，仍矢志传授武学，成立蒲阳国术研究机构，担任国术教授。七七事变后，齐公博告老归乡，以向乡人传授拳术维持生计。

朱国福（1891—1968），号炳公，直隶省定兴县大朱家庄人。自幼习武，早年师从人称"铁罗汉"的张长发习练罗汉拳，随王有恒习弹腿、摔跤等技艺，10 岁参加义和团，14 岁拜形意拳名家马玉堂为师学习形意拳及器械，而后又跟从孙禄堂习练八卦拳、太极拳。1923 年战胜体重超过他 32 磅的白俄罗斯拳击家裴易哈伯尔。1928 年，出任中央国术馆教务处长。全国解放后，朱国福担任全国武术协会委员、重庆武术协会主席，为中华武术的发展作出了重要贡献。

郑怀贤（1897—1981），河北安新人。自幼习武，师从百家，擅长形意、八卦、太极等拳术。1924 年，拜入孙禄堂门下。1928 年，向其师兄孙振岱学习太极拳。1936 年入选首届国家武术队，作为中国体育代表团成员参加第十一届奥运会，进行武术表演。1938 年，兼任华西坝燕京大学武术教师。解放后，郑怀贤曾担任第三届全国武术协会主席。郑怀贤品德高尚，武艺精湛，著有《武术套路编制原则》等著作共 130 多万字。

孙式太极拳第三代代表性传承人主要有孙永田、孙婉容等。

孙永田（1948—），生于北京，祖籍河北沧州，幼年习练唐拳、摔跤等技法。

1982年始跟随孙剑云学习形意拳、八卦拳、太极拳剑，1984年拜师。其师见他为人宽厚，遇事务有担当，且能侍奉恩师如母，团结同门，对其格外看重与信任。1995年1月8日，在国家体育总局武术运动管理中心、北京武术院、北京市武术协会等单位主要领导主持下，在北京市武术协会各研究会负责人的见证中，孙剑云将其确立为衣钵传人——孙式太极拳第三代掌门人。师徒二人并非同族同宗，一时成为武术界美谈。孙永田在老师生前紧密配合老师，团结同门上下及武林同道积极开展各类武术交流、比赛、教授、宣传等推广活动，号召组织本单位(时任航天科工集团汽车销售公司董事长)员工习练孙式太极拳，组建了300多人的太极拳表演队。孙剑云辞世后，他接任孙氏太极拳研究会会长，并当选为北京市武术协会副主席。为推广孙式太极拳，其足迹遍及国内各省区市及港澳地区，还多次前往美国、法国、德国、意大利、加拿大、日本、马来西亚、荷兰等国讲学。

孙婉容(1927—)，近代著名武术家、技击家、孙式太极拳创立人孙禄堂之孙女，著名武术家、技击家孙存周(孙禄堂次子)之女。现任蒲阳拳社社长。曾与其姐孙淑容、其弟孙宝亨合作编辑《孙禄堂武学大全》《孙式太极拳竞赛套路教与学》，主编《孙式太极剑》(由北京体育大学出版社出版发行)。孙婉容自幼酷爱武术及多项体育运动，曾就读于北京师范大学体育系，1951年毕业后就职于北京体育学院。工作之余，潜心家学，跟随其父孙存周、姑姑孙剑云练功习武，深得太极拳之精髓。在社会上积极致力于孙式太极拳的传播推广，曾于北京市海淀区、中国科学院等场所开办讲习班，为机关、企业及社会培养众多教练员、辅导员以及从事孙式太极拳学习、推广、传播活动的骨干。离开工作岗位后，将全部精力投入孙式太极拳的推广发展活动中，常赴一些省区市开展讲座，出席各类武术推广活动。2004年在孙婉容的倡导下，北京成立了孙禄堂武学文化研究中心，后更名为孙禄堂武学文化发展中心。平日闲暇时，她会在北京体育大学校园和家中教授学生、指导弟子练拳。

童旭东，师从著名武术家孙剑云。

孙式太极拳第四代以后(含)代表性传承人略。

(节选自世界太极拳蓝皮书《世界太极拳发展报告(2019)》，有改动)

附录三 马虹简介、代表作品及传人

马虹(1927 年 11 月 21 日—2013 年 12 月 22 日),原名郭毓堃,河北深州市前磨头镇人,当代著名太极拳大师。1945 年 9 月入读河北师范专科学校国文科,负责主编墙报《文学周刊》,且在《保定日报》发表数十篇诗歌、散文。同年10 月经同学田德修(中共地下党员、支部书记)介绍,加入中共地下组织,为党的秘密工作作出一定贡献。1947 年 10 月转学至华北联合大学文学系。马虹立志"青春壮志信马列,身处险境气如虹",遂改原名郭毓堃为马虹。1948 年12 月在石家庄市师范学校担任教师、班主任、团总支副书记,兼任《石家庄日报》特约通讯员及石家庄市诗歌组组长。1951 年 2 月出任石家庄市教育工会主席。1952 年 9 月任石家庄市总工会调研室主任,并负责主编内部期刊《石家庄工运》。1962 年,开始习练简化 24 式太极拳,后又向北京东单广场的王益三学习傅钟文所传 85 式杨式太极拳。1972 年,在古德夫、卢茂云的介绍与协助下,北上拜陈照奎为师。1974—1975 年两度前往河南郑州参加陈照奎内部尖子传拳,历经 2 个月重新学习拳架。于 1977 年、1979 年、1980 年三次邀请陈照奎至家中传拳。1982 年创建全国首个"陈氏太极拳研究会",并出版全国首本《陈氏太极拳研究》刊物。1983 年 6 月重新加入中国共产党。1984 年 7 月任石家庄市政协第五届委员会综合办公室副主任。1987 年 12 月离休。1994 年被国际太极拳年会评委会评为"中国当代十三大太极拳大师"之一,并当选为年会副秘书长。2000 年 5 月成立石家庄陈氏太极拳学校,担任名誉校长、导师。2006 年获国家体育总局授予"武术贡献奖"。2009 年晋升"中国武术八段"。中国民间武术家考核委员会授予其"21 世纪中华武学五大泰斗"之一称号。2013 年 12 月22 日离世。

关于马虹的太极拳修为,存在不同观点。部分人认为其仅是花架子,无真功夫;亦有人觉得其功夫修为颇高。笔者认为此类评价皆属正常。文化具有多元性,思想亦如此,这些多维思想的存在可旁证马虹功夫的真实性。马虹系陈照奎的入室弟子,亦是陈家沟陈氏家族所认可的少数优秀陈式太极拳传人之一。笔者认为,能入陈氏祖室者,必具特殊功绩或对陈式拳有重要贡献。在陈氏宗祠内,立有陈氏历代太极大家的纪念碑,其中一块为陈照奎的纪念碑,碑文介绍了陈照奎的功绩，亦记载着其优秀传人，传人一栏中仅有其子陈瑜与马虹之名。由陈家沟祖室碑文中可看出马虹于陈氏族中具重要地位。马虹获社会各界认可，曾荣膺"21世纪中华武学五大泰斗""武术八段"等殊荣，进一步破除了有关马虹之拳华而不实的传言。马虹弘扬中国传统文化，为太极拳的普及与发展作出重大贡献。马虹著作如附表1、附表2所示。

附表1　马虹所著的文章

序号	文章名	成文时间
1	练拳诸病五十例(跟陈照奎学拳札记)	1983年3月
2	陈式太极拳的健身性、技击性和艺术性	1985年
3	论养性功夫	1985年1月
4	丹田内转论——陈氏秘传太极拳内功	1986年12月
5	陈氏太极拳的周身规矩	1987年3月
6	百把气功桩	1988年9月
7	周天开合论——关于太极拳的呼吸问题	1989年6月
8	中国传统文化与太极拳	1989年12月
9	太极图——太极拳的秘诀	1990年6月
10	太极、太极图、太极拳(兼论道家思想对太极拳的影响)	1991年2月
11	陈氏太极拳的技击训练及其技巧	1991年3月
12	痛苦往往是幸福的源泉	1991年5月
13	推手技巧及单式训练	1992年
14	松活弹抖论——关于陈氏太极拳的发劲	1992年3月
15	"谁能合，谁能赢"——推手技巧述真	1992年11月
16	圆形推手及其技击法	1992年12月
17	太极拳基础功夫论	1992年12月
18	阴阳相济论——关于陈氏太极拳的十大关系	1993年
19	推手及功力训练法	1993年3月
20	关于裆走下弧	1994年3月
21	关于拳走低架的优势	1994年3月

续表

序号	文章名	成文时间
22	"一身备五弓"之说不可取	1994 年 3 月
23	关于所谓新架、老架之分	1994 年 3 月
24	关于"下榻外碾"的含义	1994 年 3 月
25	论放松	1994 年 3 月
26	打开太极拳大门的一把钥匙(关于太极阴阳分合律)	1994 年 7 月
27	关于胸腰折叠	1994 年 9 月
28	关于"八门劲别"	1994 年 9 月
29	关于太极拳的重心	1994 年 9 月
30	关于太极拳的缠丝劲	1994 年 9 月
31	关于拳架与静功、桩功的关系	1995 年 3 月
32	关于顿步与蹉步发劲之别	1995 年 3 月
33	关于练拳的遍数与功夫	1995 年 3 月
34	关于太极拳的发声问题	1995 年 3 月
35	关于"内功""内劲"	1995 年 3 月
36	因敌变化示神奇——陈氏太极拳技击法的主要特征	1995 年 6 月
37	关于"丹田内转"	1995 年 8 月
38	美国人眼里的太极拳——旅美札记之一	1995 年 8 月
39	论用意——关于太极拳的内功之三	1995 年 9 月
40	走向 21 世纪的健康之路	1996 年 5 月
41	技击,是太极拳的灵魂	1996 年 5 月
42	圆——太极拳的态和势	1997 年 1 月
43	关于"四两拨千斤"	1997 年 2 月
44	序 清能早达	1997 年 5 月
45	传统底架陈氏太极拳健身的奥秘	1997 年 5 月
46	拳法之妙,在于运劲	1997 年 12 月
47	五道关口,三层境界	1998 年 5 月
48	学习陈鑫的治学精神加强太极拳的理论研究	1998 年 8 月

续表

序号	文章名	成文时间
49	试论太极拳的修炼工程	1999 年 5 月
50	新世纪、新局面、新使命——21 世纪寄语	2001 年 1 月
51	陈式太极拳一代宗师陈照奎的光辉业绩永垂不朽	2001 年 4 月
52	太极拳的思维方式	2001 年 4 月
53	试论懂劲	2002 年 5 月
54	拆拳讲劲	2002 年 6 月
55	一动之中二十要	2002 年 8 月
56	自知、自信、自强	2002 年 10 月
57	以其哲理，悟其劲道	2003 年 10 月
58	传统低架陈氏太极拳是最佳有氧代谢运动	2004 年 6 月
59	陈长兴正宗拳架传真	2004 年 7 月
60	太极拳是文化、武术、养生融为一体的一门学问	2005 年 7 月
61	修炼太极拳，要诀二十条	2005 年 10 月
62	功夫源于细节的积累	2005 年 10 月
63	太极拳的文化内涵及其时代价值	2006 年 3 月
64	传统太极拳的魅力	2006 年 3 月
65	试论太极功夫	2007 年 10 月
66	提高拳术质量，增进整体健康	2007 年 10 月
67	试论传统陈氏太极拳健身的科学性	2008 年 4 月
68	从天道人道之中悟拳道	2008 年 9 月
69	传统太极拳的科学性及其科学的修炼方法	2009 年 4 月
70	从反面入手讲劲道	2009 年 9 月
71	尊重传统　科学发展——试论太极拳的实质及其发展方向	2010 年 12 月
72	明理是修炼太极拳的关键环节	2011 年 4 月
73	太极拳是一门终身修炼的学问	2011 年 9 月

附表 2　马虹所著的书

序号	书名
1	陈式太极拳体用图解
2	陈式太极拳技击法
3	陈式太极拳劲道释秘——拆拳讲劲
4	陈氏太极拳函授通讯
5	陈式太极拳拳照图谱
6	陈氏太极拳及其技击法
7	推手技巧及功力训练
8	陈式太极拳拳谱·拳法·拳理
9	陈式太极拳拳理阐微

马虹陈式太极拳优秀传人(部分)(按笔画排序):

万明群、弓大鹏、杜鹏程、王文波、心光、冯贵宏、孙迎春、刘俊华、刘辉、刘建辉、刘富华、吕林红、苏道生、陈万贞、张广泰、杨合发、李文矩、周寄石、郑滨、郑松波、郝巍、胡晓林、项争鸣。

后　记

创新是一个民族发展的不竭动力，对于学术来说，创新是学术的生命力所在。学术研究不同于普及教学，它需要创造新的知识，讲出人们所不知道、未曾讲过的内容。唯有创新，才有可能突破原有的高度，赋予事物新的内涵。关于太极拳的这项研究主要有三个创新点。其一，在研究内容上有所创新。太极拳是中华武术的重要组成部分，是中华优秀中华传统文化的承载者。马虹是当代太极拳大师，是当代太极拳的典型人物，他在技术、理论、教学等方面成就显著，为太极拳的传承与发展作出了卓越贡献。然而，马虹的武学体系至今尚未得到全面研究。基于此，笔者以马虹为个案，对当代太极拳武学思想进行全面系统的梳理。其二，对当代民间武术家、代表性人物马虹的武学思想进行深度剖析，以期为民间武术家的发展提供参考。其三，太极拳是一套智慧拳，对当今社会发展贡献颇大。笔者全面梳理了太极拳在当代社会发展中的价值，希望能引起更多人的关注，进而深入挖掘其更多有益的社会功能。

思想是客观存在于人的意识中经过思维活动而产生的结果，具有复杂性、抽象性等特点。关于某类思想或某个人思想的研究是一项系统工程，需要多学科知识作为支撑。运用多学科理论解决某一个问题本身就具有一定难度，加之所解决的问题是一个时代的武学思想，这就进一步增加了解决问题的难度。全面把握当代太极拳思想存在一些难点：收集齐全马虹个人的相关资料存在一定难度；如何对马虹的武学思想进行系统而全面的把握，难度较大。

由于笔者研究水平有限，此次研究存在许多不足之处。其一，中国传统哲学是当代太极拳武学思想形成的重要根源，但因笔者对中国哲学了解有限，因而全书未涉及深入的哲学分析，待日后加以完善。其二，书法是人的内心真实写照，笔者未曾修习书法，无法从马虹的书法中探究其武学思想的嬗变，只能从他人的只言片语中了解马虹的武学造诣，这成为笔者的一大遗憾。其三，太极拳历经数百年，成就了众多太极拳武学大家，但笔者未能将他们逐一展示。

参考文献

1. 书籍类

[1] 宗白华. 美学散步[M]. 上海：上海美术出版社，1991.

[2] 朱熹. 四书章句集注[M]. 北京：北京中华书局，1983.

[3] 中国武术大辞典编辑委员会. 中国武术大辞典[M]. 北京：人民体育出版社，1990.

[4] 郑开. 德理之间[M]. 上海：上海三联书店，2009.

[5] 赵斌，赵幼斌，路迪民. 杨氏太极拳真传[M]. 北京：北京体育大学出版社，2004.

[6] 张志勇. 中国武术思想概论[M]. 开封：河南大学出版社，1998.

[7] 张耀庭. 中国武术史[M]. 北京：人民体育出版社，1997.

[8] 姚春鹏. 黄帝内经[M]. 北京：中华书局，2010.

[9] 许慎. 说文解字[M]. 上海：上海古籍出版社，1981.

[10] 晓白. 犯罪学体系建构[M]. 台北：读享数位文化有限公司，2014.

[11] 习云太. 中国武术史[M]. 北京：人民体育出版社，1985.

[12] 习近平. 习近平谈治国理政：第2卷[M]. 北京：外文出版社，2017.

[13] 文选德. 《道德经》诠释[M]. 长沙：湖南人民出版社，2003.

[14] 王玉川. 中医养生学[M]. 上海：上海科学技术出版社，2001.

[15] 王西安，阎素杰. 太极养生增气功与散手[M]. 郑州：河南科学技术出版社，2013.

[16] 王宁. 消费社会学——一个分析的视角[M]. 北京：社会科学文献出版社，2001.

[17] 王凯. 道与道术——庄子的生命美学[M]. 北京：人民出版社，2013.

[18] 涂永华. 健康与养生百科大全[M]. 石家庄：河北科学技术出版社，2006.

[19] 童旭东. 孙氏武学研究[M]. 北京：中国书籍出版社，2008.

［20］ 唐豪，顾留馨. 太极拳研究［M］. 北京：人民体育出版社，1964.

［21］ 沈寿. 太极拳法研究［M］. 福州：福建人民出版社，1984.

［22］ 申国卿. 陈式太极拳文化探骊［M］. 武汉：湖北人民出版社，2011.

［23］ 普赖斯. 小科学，大科学［M］. 宋剑耕，戴振飞，译. 北京：世界科学社，1982.

［24］ 马明达. 说剑丛稿（增订本）［M］. 北京：中华书局，2007.

［25］ 中共中央马克思恩格斯列宁斯大林著作编译局. 马克思恩格斯选集：第1卷［M］. 北京：人民出版社，1972.

［26］ 马虹. 陈氏太极拳体用全书［M］. 北京：北京体育大学出版社，2009.

［27］ 马虹. 陈式太极拳拳谱·拳法·拳理［M］. 北京：北京体育大学出版社，2010.

［28］ 鲁威人. 体育文化学［M］. 北京：清华大学出版社，2016.

［29］ 梁漱溟. 乡村建设理论［M］. 上海：上海人民出版社，2016.

［30］ 李仲轩，徐皓峰. 逝去的武林——1934年的求武纪事［M］. 北京：当代中国出版社，2006.

［31］ 李慎明. 世界太极拳发展报告（2019）［M］. 北京：社会科学文献出版社，2020.

［32］ 焦作市地方史志办公室，温县人民政府. 陈氏太极拳志［M］. 郑州：中州古籍出版社，2008.

［33］ 蒋家骏. 太极拳师门对话录——太极宗师洪均生言传身教原始记录［M］. 北京：人民军医出版社，2010.

［34］ 何欣委. 妙谛传心：太极拳经密谱汇宗［M］. 北京：人民体育出版社，2014.

［35］ 沈家桢，顾留馨. 陈式太极拳［M］. 北京：人民体育出版社，1963.

［36］ 顾留馨. 太极拳术［M］. 上海：上海教育出版社，1982.

［37］ 顾留馨. 顾留馨太极拳研究［M］. 太原：山西科学技术出版社，2008.

［38］ 杜国强. 为而不争著华章［Z］. 石家庄：石家庄陈氏太极拳学校，2014.

［39］ 陈鑫. 陈氏太极拳图书［M］. 太原：山西科学技术出版社，2012.

［40］ 保定陈氏太极拳研究会. 虎贲龙骧［M］. 保定：保定市建南印业有限公司，2014.

2. 学位论文

［1］ 庄静. 太极拳运动对大学生体质健康测试指标影响的研究［D］. 北京：北京体育大学，2012.

［2］ 朱晓霞. 初中校园欺凌问题及其教育对策［D］. 武汉：华中师范大学，2021.

［3］ 朱晓庆. 焦作国际太极拳交流大赛对太极文化发展影响研究［D］. 新乡：河南师范大学，2015.

［4］ 周志凯. 李小龙武学思想阐微［D］. 南昌：江西师范大学，2016.

［5］ 郑延龙. 规律的太极拳练习对小学生体质健康影响的研究［D］. 济南：山东师范大学，2015.

［6］ 郑松波. 太极拳健身原理研究［D］. 南昌：江西师范大学，2003.

［7］ 于海燕. 太极拳运动对偏颇质女大学生体质的影响研究［D］. 杭州：杭州师范大学，2016.

［8］ 岳利民. 简化太极拳练习对大学生身体成分和心率变化的影响［D］. 上海：上海师范大学，2008.

［9］ 杨慧鑫. 中老年人太极拳健身运动处方研究［D］. 上海：上海体育学院，2011.

［10］ 邢照利. 郑怀贤武术教育思想的口述史研究［D］. 成都：成都体育学院，2013.

［11］ 谢永广. 王芗斋武学核心思想研究［D］. 北京：北京体育大学，2012.

［12］ 吴耀中. 农村初中生体育活动与校园欺凌的关系研究［D］. 新乡：河南师范大学，2020.

［13］ 吴秀华. 太极拳运动对女大学生抗氧化能力、体质和心理健康影响的研究［D］. 赣州：赣南师范学院，2013.

［14］ 吴铭芳. 杨氏十六式太极拳对高中生颈椎病的疗效观察［D］. 福州：福建中医药大学，2014.

［15］ 魏春芳. 瑜伽与太极拳对女性中专学生部分身体指标和心境影响的比较研究［D］. 昆明：云南师范大学，2016.

［16］ 王旭浩. 陈氏太极拳起源研究［D］. 郑州：河南大学，2010.

［17］ 王文娟. 张之江武学思想之研究［D］. 新乡：河南师范大学，2014.

［18］ 徐楠楠. 太极拳、易筋经和五禽戏锻炼对高校女大学生平衡能力的影响及差异性研究［D］. 福州：福建师范大学，2016.

［19］ 唐智芳. 文化视域下的对外汉语教学研究［D］. 长沙：湖南师范大学，2012.

［20］ 苏翘斌. 黄啸侠拳法的研究［D］. 广州：广州体育学院，2013.

［21］ 吕蒙. 武禹襄武学思想研究［D］. 郑州：河南大学，2013.

［22］ 李海伦. 我国竞技武术研究进展分析——基于文献计量学视角［D］. 上海：上海体育学院，2020.

［23］ 蓝秀芦. 太极拳运动对大学生静态平衡、下肢本体功能和柔韧性影响的随机对照研究［D］. 福州：福建中医药大学，2015.

［24］ 郭书芬. 河洛文化视域下洛阳地区民间武术的传承与发展研究［D］. 成都：成都体育学院，2013.

［25］ 蔡敬芳. 四种健身气功与陈氏太极拳健身之"理"的对比研究［D］. 郑州：郑州大学，2020.

［26］ 蒋湘平. 太极八法五步对大学生特发性脊柱侧弯的矫正影响研究［D］. 长沙：湖南师范大学，2021.

［27］ 侯胜川. 门户视野下当代民间武术家的生存状态与发展研究［D］. 福州：福建师范大学，2017.

3. 中文期刊

［1］ 周勇. 论截拳道与泰拳的传播发展差异［J］. 武术研究，2020，5（1）：47-49.

［2］ 周兰萍. 面向体验经济的传统武术产业发展模式——以陈家沟陈式太极拳为例［J］. 上海体育学院学报，2012，36（2）：63-65.

［3］ 郑瑞强，郭如良. 促进农民农村共同富裕：理论逻辑、障碍因子与实现途径［J］. 农林经济管理学报，2021，20（6）：780-788.

［4］ 赵丙祥. 祖业与隐修——关于河南两个太极拳流派之谱系的研究［J］. 民俗研究，2012（2）：84-100.

［5］ 张志勇. 从太极拳技术演变的历史谈太极拳的起源与发展［J］. 体育学刊，2013，20（1）：113-119.

［6］ 张长念，陈兰，伍国忠. 孔子武学思想论略［J］. 北京体育大学学报，2015，38（12）：33-39，54.

［7］ 张友国. 中国城乡融合高质量发展研究［J］. 人民论坛，2021（32）：78-81.

［8］ 张文新，陈亮，纪林芹，等. 童年中期身体侵害、关系侵害与儿童的情绪适应［J］. 心理学报，2009，41（5）：433-443.

［9］ 张望龙，王柏利. 河南省太极拳发展现状及趋势分析［J］. 武术研究，2019，4（4）：18-20.

［10］ 张雷. 运动休闲特色小镇：概念、类型与发展路径［J］. 体育科学，2018，38（1）：18-26，41.

［11］ 张珂. 陈氏太极拳的技术特点与养生功能［J］. 体育科技文献通报，2020，28（7）：144，147.

［12］ 张凯. 武术套路的起源与发展——以太极拳为例［J］. 武当，2023（10）：94-96.

［13］ 张海利，张海军. 长期练习太极拳对肥胖大学生脂代谢及关联激素的影响［J］. 沈阳体育学院学报，2011，30（6）：95-98.

［14］ 张国磊，张新文. "美丽乡村"建设中的政府动员与基层互动——基于广西钦州的个案调研分析［J］. 北京社会科学，2015（7）：32-39.

［15］ 张丙辰. 河南省太极拳文化产业发展现状与对策分析［J］. 焦作师范高等专科学校学报，2012，28（1）：14-15.

[16] 岳涛,戴国斌,苑城睿."止戈为武"考辩及中华武德核心结构探讨[J].体育学刊,2023,30(1):40-46.

[17] 余世存.孙禄堂 最后一位武学大师[J].英才,2016(1):100-101.

[18] 于均刚,黎健民.论东方武学与西方体育的关系[J].体育文化导刊,2006(12):78-80.

[19] 于根福.高校成为传播先进文化阵地的几点思考[J].湘潭大学社会科学学报,2000(24):162-165.

[20] 杨建英,杨建营.太极拳历史流变及转型发展[J].武汉体育学院学报,2017,51(7):68-73.

[21] 杨建英,冯香红,徐亚奎,等.太极拳套路分类交流探析——以交流比赛史为立足点[J].体育与科学,2022,43(1):82-92.

[22] 燕振科.对太极文化产业化发展的思考[J].经济论坛,2012(10):54-56.

[23] 颜廷燕.论杨炳武学思想的现代传承[J].安阳师范学院学报,2017(5):114-117.

[24] 闫领先.关于开发河南省太极拳文化产业的研究[J].搏击(武术科学),2009,6(10):24-25,32.

[25] 薛文传,杨建营,徐亚奎,等.健身养生太极拳研究[J].体育学刊,2021,28(1):45-49.

[26] 徐勇.乡村文化振兴与文化供给侧改革[J].东南学术,2018(5):132-137.

[27] 徐迎迎,魏瑞斌.基于研究主题的文献计量三大定律的实证分析——以"开放存取"为例[J].情报科学,2015,33(11):85-89.

[28] 徐剑锋.特色小镇要聚集"创新"功能[J].浙江社会科学,2016(3):42-43.

[29] 谢峰,王立刚,边俊,等.脑力劳动者与体力劳动者慢性非特异性腰痛的临床和影像特点比较[J].中医正骨,2019,31(4):22-25.

[30] 萧丽婷.太极养生放松功法对老年糖尿病的康复效果[J].中国中医药现代远程教育,2023,21(14):156-158.

[31] 夏晓斌.太极拳的养生价值及机理探讨[J].中华武术,2021(3):53-54.

[32] 吴思远,吴宇森,成龙,等.众说李小龙[J].当代电影,2010(11):34-37.

[33] 吴利学.中国南北差异的产业分解分析与政策启示[J].区域经济评论,2023(6):40-47.

[34] 吴春祥,刘博文,郭荣娟.供给侧视角下太极拳产业高质量发展路径探索——基于AHP模型的实证[J].体育科技文献通报,2023,31(11):181-186.

[35] 温力.中国古代军事对武术发展的作用[J].武汉体育学院学报,1999(4):97-99.

[36] 卫兴华.更加尊重市场规律,更好发挥政府作用——访著名经济学家、中国人民大学

经济学院卫兴华教授[J]. 思想理论教育导刊, 2014(1): 9-14.

[37] 王振坡, 张安琪, 王丽艳. 生态宜居特色小镇: 概念、内涵与评价体系[J]. 管理学刊, 2019, 32(2): 45-53.

[38] 王勇, 余方亮, 齐行亮. 现代传播媒介对太极拳发展的影响[J]. 科技信息(学术研究), 2008(3): 548, 550.

[39] 王兴亚, 李立炳. 李岩籍贯与陈氏太极拳源流新说[J]. 中州学刊, 2005, 23(4): 166-170.

[40] 王欣. 析身体素质教育观念的提出以及它与体育的关系[J]. 南京体育学院学报, 2004, 18(5): 68-70.

[41] 王晓东, 郭春阳. 中央国术馆摔跤活动历史考察与当代启示[J]. 山东体育学院学报, 2017, 33(4): 43-47.

[42] 王伟. 对中国传统体育衍生、发展的再研究[J]. 山东体育科技, 2005, 27(1): 114-117.

[43] 王秋月, 郭亮. 乡村振兴视阈下的祖先崇拜及其功能——基于赣南农村的田野叙事[J]. 中南民族大学学报(人文社会科学版), 2021, 41(7): 47-56.

[44] 王明建. 郑怀贤武学研究的意义与思考[J]. 成都体育学院学报, 2017, 43(3): 49-53.

[45] 王惠霞. 河南省太极拳市场化的 SWOT 分析[J]. 搏击. 武术科学, 2008, 5(12): 35-36.

[46] 王华强, 姚真. 初中生校园欺凌: 现状、成因及对策——以临汾市尧都区为例[J]. 教育理论与实践, 2018, 38(35): 26-28.

[47] 王海洲. 对赵堡太极拳源流史中有关人事的调研[J]. 武当, 2006(1): 13-16.

[48] 王海波, 康德强, 郑晓光, 等. 太极拳必修课程对普通高校大学生心理、生理状况影响的研究[J]. 搏击·武术科学, 2007, 4(11): 59-61.

[49] 王东, 李英奎. 和美共生: 传统哲学视域下的武术技击考辨[J]. 体育与科学, 2022, 43(6): 38-43, 64.

[50] 王柏利, 王岗. 中国武术拳种演进的制度逻辑[J]. 山东体育学院学报, 2022, 38(5): 18-24.

[51] 汪晓美, 唐泳. 基于 CiteSpace 知识图谱的企业数字化转型研究现状及热点分析[J]. 现代营销(下旬刊), 2023(11): 4-6.

[52] 童旭东. 从拳勇到国术——写在孙禄堂先生逝世八十周年之际[J]. 武当, 2014(4): 39-40.

[53] 田彧. 从文献用例看"技击"语义外延的演变[J]. 西安体育学院学报, 2021, 38(6):

728-734.

[54] 孙宇. 脑力劳动与体力劳动共同创造价值[J]. 经济研究导刊, 2019(26)：1-2, 11.

[55] 孙耀, 花蕊. 太极拳练习对女大学生体质的影响[J]. 北京体育大学学报, 2003, 26 (3)：353-354, 386.

[56] 孙亮, 石建勋. 中国供给侧改革的相关理论探析[J]. 新疆师范大学学报(哲学社会科学版), 2016, 37(3)：75-82.

[57] 沈俊婕, 林楠, 滕紫彤. 体育教师信念的国际研究现状与趋势——基于 CiteSpace 的文献计量分析[J]. 浙江体育科学, 2024, 46(1)：95-101.

[58] 邱欣怡. 论苏霍姆林斯基的劳动教育[J]. 知识经济, 2019(13)：127-128.

[59] 邱丕相, 王岗. 走进主流社会的中国太极拳文化[J]. 北京体育大学学报, 2006, 29 (12)：1603-1605.

[60] 乔玉成, 狄珂. 论内家三拳中的"圆"文化[J]. 武汉体育学院学报, 2016, 50(7)：68-71, 100.

[61] 乔凤杰, 王刚. 让"标准"成为多元之一：论武术的现代发展[J]. 中国体育科技, 2015, 51(5)：67-71.

[62] 彭鸣昊. 一代宗师唐豪的武术思想研究[J]. 兰台世界, 2014(6)：90-91.

[63] 彭家辉, 张长念, 张亚威. 大众健身太极拳生理养生价值研究[J]. 武当, 2021(6)：60-61.

[64] 牛蔚林, 黄尔联. 养生保健课促进大学生心理健康发展的实验研究[J]. 商场现代化, 2005(21)：240-241.

[65] 茅锐, 林显一. 在乡村振兴中促进城乡融合发展——来自主要发达国家的经验启示 [J]. 国际经济评论, 2022(1)：155-173, 8.

[66] 吕韶钧. 太极拳健康工程实施的核心内容[J]. 北京体育大学学报, 2015, 38(9)：15-21.

[67] 刘秀征, 杨敢峰. 武术进入奥运会比赛项目的可行性分析[J]. 武术研究, 2021, 6 (3)：88-91, 97.

[68] 刘欣. 弱势状况下中国传统体育文化的对外传播策略——以中国武术为例[J]. 体育学刊, 2009, 16(1)：88-90.

[69] 刘晓燕. 论述太极拳运动在全民健身中的价值[J]. 武当, 2022(11)：94-96.

[70] 刘文武. 突出技击性和趣味性：打破武术教育发展困境的两大关键[J]. 体育与科学, 2023, 44(4)：76-85.

[71] 刘迟, 田卉娇. 从"理论与实践的关系"反思当代中国马克思主义社会学的研究理路——基于"丁费之论"的探讨[J]. 新视野, 2023(6)：96-103.

[72] 梁玉秀. 青少年学生身体素质下降原因分析及干预措施[J]. 齐齐哈尔医学院学报,
　　　2011, 32(20): 3340-3341.

[73] 梁高亮, 严家高, 韩炜. 体育产业服务供给需求与路径选择[J]. 山东体育学院学报,
　　　2018(34): 12.

[74] 李源, 黄贤秀, 梁勤超. 中国近代武术家群体形象研究[J]. 成都体育学院学报,
　　　2021, 47(6): 55-61.

[75] 李颖媛. 论太极拳的现代养生之道[J]. 体育文化导刊, 2003(4): 43.

[76] 李雷东. 西周的君子之学：道艺与德行[J]. 沧州师范学院学报, 2023, 39(3):
　　　95-101.

[77] 李军, 赵云霞. 明代宝鸡金台观《张三丰遗迹记》碑考略[J]. 郧阳师范高等专科学校
　　　学报, 2011, 31(2): 1-5.

[78] 李建设, 马建华, 康香阁, 等. 广府太极拳产业发展策略研究[J]. 邯郸学院学报,
　　　2009, 19(3): 37-39.

[79] 李吉远, 谢业雷. 近百年中国武术史研究的回顾、现状及其展望[J]. 武汉体育学院学
　　　报, 2019, 53(1): 69-75.

[80] 李怀续, 黄康辉, 刘宁宁, 等. 新规则下太极拳推手技术的运用特点及发展趋势
　　　[J]. 北京体育大学学报, 2018, 41(1): 140-144.

[81] 李锋, 史东芳. 校园欺凌产生成因之阐释——基于文化社会学的理论视角[J]. 教育
　　　科学研究, 2021(1): 73-78.

[82] 李春木, 段斌, 王宏. 体育产业振兴背景下武术散打赛事的发展现状、困境与对策
　　　[J]. 武汉体育学院学报, 2021, 55(3): 63-69.

[83] 李爱民. 我国城乡融合发展的进程、问题与路径[J]. 宏观经济管理, 2019(2):
　　　35-42.

[84] 金玉柱, 李丽, 董刚. 中国武术美育的本体意涵、价值旨趣与实施路径[J]. 西安体育
　　　学院学报, 2023, 40(1): 98-104.

[85] 蒋易庭. 蔡龙云武学思想下套路的"艺术化"探析[J]. 中华武术·研究, 2019, 8(5):
　　　75-78.

[86] 贾志安, 武国霞. 德行至上　时时师表[J]. 河北教育(德育版), 2023, 61(1): 58.

[87] 郏孙勇, 王美丽. 长拳、太极拳练习对男性大学生心肺功能的影响[J]. 中国体育科
　　　技, 2008(6): 51-55, 78.

[88] 黄一斓. 乡贤文化影像建构的世纪转型[J]. 江苏社会科学, 2019(6): 216-223.

[89] 黄祁平, 万艳平, 戴亏秀, 等. 太极拳运动增强高年级女大学生体液免疫应答实验研
　　　究[J]. 武汉体育学院学报, 2006, 40(7): 54-56.

[90] 黄承伟. 论乡村振兴与共同富裕的内在逻辑及理论议题[J]. 南京农业大学学报(社会科学版), 2021, 21(6): 1-9.

[91] 华冰, 应孜, 樊坤, 等. 稳性与非稳性太极拳练习对女大学生本体感觉和平衡能力的影响[J]. 中国学校卫生, 2018, 39(12): 1805-1807, 1813.

[92] 侯胜川. 民间武术家的界定困境与后现代隐喻[J]. 体育成人教育学刊, 2018, 34(6): 91-94.

[93] 侯胜川. 当代民间武术家生存状态研究[J]. 体育文化导刊, 2014(7): 63-66.

[94] 贺慨. 我国古代与近代的拳击运动[J]. 体育文化导刊, 2009(9): 117-119.

[95] 何哲. 人类文明的维度与人类新文明体系的建构[J]. 人民论坛, 2021(34): 47-51.

[96] 韩志强. 溯本求源, 圆生万物——圆道观与太极拳之"圆"[J]. 搏击(武术科学), 2012, 9(7): 23-25.

[97] 韩玮. 互联网+与地方太极拳产业融合发展路径研究[J]. 武术研究, 2019, 4(4): 55-57.

[98] 郭玉江. 城市健身圈太极养生品牌研究[J]. 体育文化导刊, 2016(6): 117-121.

[99] 郭玉成. 武术标准化研究的概念、方法和体系——基于标准化学科视域的基础理论构建[J]. 上海体育学院学报, 2015, 39(1): 56-61.

[100] 弓车兴, 逄新红. 周秦体育活动初探(上)[J]. 宝鸡文理学院学报(人文社会科学版), 1997, 17(1): 87-96.

[101] 高晓波, 陈小慧. 高校学生体育价值观与其校园文化耦合的路径选择[J]. 中山大学研究生学刊(社会科学版), 2009, 30(4): 151-163.

[102] 高巍, 胡敏, 靳晓娟. 基于角色参与的当前我国乡村建设模式分析[J]. 城市发展研究, 2019, 26(3): 21-27, 32.

[103] 段艳丰. 新时代中国乡村绿色发展道路的时代价值、现实困境及路径选择[J]. 农林经济管理学报, 2020, 19(1): 118-125.

[104] 刁巍威. 一代宗师蔡桂勤武学成就及思想传承[J]. 兰台世界, 2014(1): 117-118.

[105] 戴国斌. 门户对拳种、流派的生产[J]. 上海体育学院学报, 2013, 37(4): 77-82.

[106] 楚德江. 农村绿色发展政策文本分析: 基于工具性与协同性的维度[J]. 郑州大学学报(哲学社会科学版), 2021, 54(2): 14-21, 126.

[107] 程大力. 传统武术: 我们最大宗最珍贵的濒危非物质文化遗产[J]. 体育文化导刊, 2003(4): 17-21.

[108] 陈扬. 体育院校武术与民族传统体育专业人才核心能力培养研究[J]. 广州体育学院学报, 2017, 37(5): 122-125.

[109] 陈武元, 王怡倩. 我国高校人才培养的痛点、短板与软肋[J]. 厦门大学学报(哲学社

会科学版），2021（6）：72-80.

[110]陈思君. 太极拳文化的传播策略探究[J]. 当代体育科技，2023，13（34）：101-103.

[111]陈诗钰，陈丽莉. 数字消费研究现状、热点及其演进趋势——基于CiteSpace的可视化分析[J]. 中国集体经济，2024（2）：29-33.

[112]陈莉，王明建. 郑怀贤武学思想研究的构想与意义[J]. 中华武术·研究，2017，6（3）：57-59.

[113]陈黎明. 教师行为的道德思考——基于亚里士多德对善、幸福与德行的论述[J]. 教育理论与实践，2015，35（4）：42-45.

[114]陈开梅，杨威，董磊. 大学生体育价值观心理结构研究[J]. 南京体育学院学报，2010，24（3）：124-128.

[115]陈福军. 太极拳中的八卦[J]. 武当，2013（8）：15-17.

[116]曹云. 郑怀贤武术文化思想研究[J]. 科技资讯，2019，17（12）：219-220，222.

[117]白惠丰，孟春雷. 新常态背景下运动休闲特色小镇创建问题及路径研究[J]. 体育文化导刊，2018（3）：87-91.

[118]PLOWMAN S A. 儿童青少年骨骼肌相关体适能测试的10大研究问题[J]. 北京体育大学学报，2015，38（12）：55-67.

4. 英文期刊

[1]　ZHU D, DAI G B, XU D, et al. Long-term effects of Tai Chi intervention on sleep and mental health of female individuals with dependence on amphetamine-type stimulants[J]. Frontiers in Psychology, 2018(9): 1476.

[2]　ZHANG Y, FU F H. Effects of 14-week Tai Ji Quan exercise on metabolic control in women with type 2 diabetes[J]. The American Journal of Chinese Medicine, 2008, 36(4): 647-654.

[3]　ZHANG L L, WANG S Z, CHEN H L, et al. Tai Chi exercise for cancer-related fatigue in patients with lung cancer undergoing chemotherapy: a randomized controlled trial[J]. Journal of Pain and Symptom Management, 2016, 51(3): 504-511.

[4]　YUAN W X, CHERKASHIN I, CHERKASHINA E, et al. Influence of Taijiquan martial art on the indicators of external respiration function and psychophysiological state of basketball players[J]. Archives Budo, 2020(16): 107-117.

[5]　YEH S H, CHUANG H, LIN L W, et al. Regular Tai Chi Chuan exercise enhances functional mobility and CD4CD25 regulatory T cells[J]. British Journal of Sports Medicine, 2006, 40(3): 239-243.

[6] YEH G Y, MIETUS J E, PENG C K, et al. Enhancement of sleep stability with Tai Chi exercise in chronic heart failure: preliminary findings using an ECG – based spectrogram method[J]. Sleep Medicine, 2008, 9(5): 527–536.

[7] CHEN X J, XU D T. Effects of Tai Chi Chuan on the physical and mental health of the elderly: a systematic review[J]. Physical Activity and Health, 2021, 5(1): 21–27.

[8] WANG Y T, TAYLOR L, PEARL M, et al. Effects of Tai Chi exercise on physical and mental health of college students[J]. The American Journal of Chinese Medicine, 2004, 32(3): 453–459.

[9] TWENGE J M, JOINER T E. Mental distress among US adults during the COVID – 19 pandemic[J]. Journal of Clinical Psychology, 2020, 76(12): 2170–2182.

[10] TSATSOULIS A, FOUNTOULAKIS S. The protective role of exercise on stress system dysregulation and comorbidities[J]. Annals of the New York Academy of Sciences, 2006, 1083(1): 196–213.

[11] STEINBERG H, SYKES E A. Introduction to symposium on endorphins and behavioural processes, review of literature on endorphins and exercise[J]. Pharmacology Biochemistry and Behavior, 1985, 23(5): 857–862.

[12] SHYU B C, ANDERSSON S A, THORÉN P. Endorphin mediated increase in pain threshold induced by long–lasting exercise in rats[J]. Life Sciences, 1982, 30(10): 833–840.

[13] SHOU X L, WANG L, JIN X Q, et al. Effect of Tai chi exercise on hypertension in young and middle – aged in–service staff[J]. The Journal of Alternative and Complementary Medicine, 2019, 25(1): 73–78.

[14] SEO D C, TORABI M R, CHIN M K, et al. A comparison of factors associated with physical inactivity among East Asian college students[J]. International Journal of Behavioral Medicine, 2012, 19(3): 316–323.

[15] SATO S, MAKITA S, UCHIDA R, et al. Effect of Tai Chi training on baroreflex sensitivity and heart rate variability in patients with coronary heart disease[J]. International Heart Journal, 2010, 51(4): 238–241.

[16] RANSFORD C P. A role for amines in the antidepressant effect of exercise: a review [J]. Medicine and Science in Sports and Exercise, 1982, 14(1): 1–10.

[17] POLKEY M I, QIU Z H, ZHOU L, et al. Tai Chi and pulmonary rehabilitation compared for treatment-naive patients with COPD: a randomized controlled trial[J]. Chest, 2018, 153(5): 1116–1124.

[18] PERT C B, BOWIE D L. Behavioral manipulation of rats causes alterations in opiate

receptor occupancy[J]. Endorphins in Mental Health Research, 1979: 93-104.

[19] NIE S Q, MA B, SONG J H. Study on the influence and difference of Taijiquan and five-animal exercises on college students' ankle muscle strength[J]. International Journal of Advanced Culture Technology, 2020, 8(3): 307-315.

[20] NI X, CHAN R J, YATES P, et al. The effects of Tai Chi on quality of life of cancer survivors: a systematic review and meta-analysis[J]. Supportive Care in Cancer, 2019 (27): 3701-3716.

[21] NEEPER S A, GÓMEZ-PINILLA F, CHOI J, et al. Physical activity increases mRNA for brain-derived neurotrophic factor and nerve growth factor in rat brain[J]. Brain Research, 1996, 726(1/2): 49-56.

[22] NABKASORN C, MIYAI N, SOOTMONGKOL A, et al. Effects of physical exercise on depression, neuroendocrine stress hormones and physiological fitness in adolescent females with depressive symptoms[J]. The European Journal of Public Health, 2006, 16(2): 179-184.

[23] MOTIVALA S J, SOLLERS J, THAYER J, et al. Tai Chi Chih acutely decreases sympathetic nervous system activity in older adults[J]. The Journals of Gerontology Series A: Biological Sciences and Medical Sciences, 2006, 61(11): 1177-1180.

[24] McEWEN B S. Stress and hippocampal plasticity[J]. Annual Review of Neuroscience, 1999, 22(1): 105-122.

[25] MATTHEWS C E, CHEN K Y, FREEDSON P S, et al. Amount of time spent in sedentary behaviors in the United States, 2003-2004[J]. American Journal of Epidemiology, 2008, 167(7): 875-881.

[26] MACIASZEK J, OSIŃSKI W, SZEKLICKI R, et al. Effect of Tai Chi on body balance: randomized controlled trial in men with osteopenia or osteoporosis[J]. The American Journal of Chinese Medicine, 2007, 35(1): 1-9.

[27] MA C, ZHOU W, TANG Q, et al. The impact of group-based Tai chi on health-status outcomes among community-dwelling older adults with hypertension[J]. Heart & Lung, 2018, 47(4): 337-344.

[28] LÜ J, HUANG L, WU X, et al. Effect of Tai Ji Quan training on self-reported sleep quality in elderly Chinese women with knee osteoarthritis: a randomized controlled trail[J]. Sleep Medicine, 2017(33): 70-75.

[29] LIU X, MILLER Y D, BURTON N W, et al. The effect of Tai Chi on health-related quality of life in people with elevated blood glucose or diabetes: a randomized controlled trial

[J]. Quality of Life Research, 2013(22): 1783-1786.

[30] LEWIN K. Frontiers in group dynamics: Ⅱ. Channels of group life, social planning and action research[J]. Human Relations, 1947, 1(2): 143-153.

[31] LEUNG R W, MCKEOUGH Z J, PETERS M J, et al. Short-form Sun-style t'ai chi as an exercise training modality in people with COPD[J]. European Respiratory Journal, 2013, 41(5): 1051-1057.

[32] KWAN M Y, CAIRNEY J, FAULKNER G E, et al. Physical activity and other health-risk behaviors during the transition into early adulthood: a longitudinal cohort study [J]. American Journal of Preventive Medicine, 2012, 42(1): 14-20.

[33] KONG Z, SZE T M, YU J J, et al. Tai Chi as an alternative exercise to improve physical fitness for children and adolescents with intellectual disability[J]. International Journal of Environmental Research and Public Health, 2019, 16(7): 1152.

[34] KIRALY M A, KIRALY S J. The effect of exercise on hippocampal integrity: review of recent research[J]. The International Journal of Psychiatry in Medicine, 2005, 35(1): 75-89.

[35] JIN P. Efficacy of Tai Chi, brisk walking, meditation, and reading in reducing mental and emotional stress[J]. Journal of Psychosomatic Research, 1992, 36(4): 361-370.

[36] JIN P. Changes in heart rate, noradrenaline, cortisol and mood during Tai Chi[J]. Journal of Psychosomatic Research, 1989, 33(2): 197-206.

[37] HOMANS G C. Social behavior as exchange[J]. American Journal of Sociology, 1958, 63(6): 597-606.

[38] ESCH T, DUCKSTEIN J, WELKE J, et al. Mind/body techniques for physiological and psychological stress reduction: Stress management via Tai Chi training – a pilot study [J]. Medical Science Monitor, 2007, 13(11): 488-497.

[39] EISENBERG D, HUNT J, SPEER N. Mental health in American colleges and universities: variation across student subgroups and across campuses [J]. The Journal of Nervous and Mental Disease, 2013, 201(1): 60-67.

[40] DUMAS M E, KINROSS J, NICHOLSON J K. Metabolic phenotyping and systems biology approaches to understanding metabolic syndrome and fatty liver disease [J]. Gastroenterology, 2014, 146(1): 46-62.

[41] COOK L J. Striving to help college students with mental health issues[J]. Journal of Psychosocial Nursing and Mental Health Services, 2007, 45(4): 40-44.

[42] CONVERSE A K, BARRETT B P, CHEWNING B A, et al. Tai Chi training for attention

deficit hyperactivity disorder: A feasibility trial in college students [J]. Complementary Therapies in Medicine, 2020(53): 102538.

[43] CHYU M C, JAMES C R, SAWYER S F, et al. Effects of Tai Chi exercise on posturography, gait, physical function and quality of life in postmenopausal women with osteopaenia: a randomized clinical study [J]. Clinical Rehabilitation, 2010, 24 (12): 1080-1090.

[44] CHEN W, YU S, XIONG D. Effects of Tai Chi intervention on perceived stress, anxiety, and sleep in college students[J]. Advances in Physical Education, 2019, 10(1): 54-67.

[45] CETIN S Y, EREL S, ASLAN U B. The effect of Tai Chi on balance and functional mobility in children with congenital sensorineural hearing loss [J]. Disability and Rehabilitation, 2020, 42(12): 1736-1743.

[46] CAMPO R A, O'CONNOR K, LIGHT K C, et al. Feasibility and acceptability of a Tai Chi Chih randomized controlled trial in senior female cancer survivors[J]. Integrative Cancer Therapies, 2013, 12(6): 464-474.

[47] CALLAHAN L F, CLEVELAND R J, ALTPETER M, et al. Evaluation of Tai Chi program effectiveness for people with arthritis in the community: a randomized controlled trial [J]. Journal of Aging and Physical Activity, 2016, 24(1): 101-110.

[48] CALDWELL K, HARRISON M, ADAMS M, et al. Effect of pilates and Taiji Quan training on self-efficacy, sleep quality, mood, and physical performance of college students[J]. Journal of Bodywork and Movement Therapies, 2009, 13(2): 155-163.

[49] American College Health Association. American college health association-national college health assessment spring 2008 reference group data report (abridged): the American college health association[J]. Journal of American College Health, 2009, 57(5): 477-488.

[50] BARNES A S. Emerging modifiable risk factors for cardiovascular disease in women [J]. Texas Heart Institute Journal, 2008, 40(3): 293-295.